SOUVENIRS
D'UN
OFFICIER DE GENDARMERIE
SOUS LA RESTAURATION

PUBLIÉS ET ANNOTÉS

PAR

LE V^TE AURÉLIEN DE COURSON

Deuxième édition

PARIS
LIBRAIRIE PLON
PLON-NOURRIT ET Cie, IMPRIMEURS-ÉDITEURS
8, RUE GARANCIÈRE — 6^e

1914

SOUVENIRS

D'UN

OFFICIER DE GENDARMERIE

SOUS LA RESTAURATION

AVANT-PROPOS

M. La Roche, lorsqu'il écrivit ses souvenirs, n'avait certes pas l'intention de faire une œuvre littéraire; il voulait uniquement laisser à son fils quelques exemples propres à entretenir chez lui la conviction inébranlable que, pour la religion et pour l'honneur, on ne doit reculer devant aucun sacrifice. Malheureusement, les notes du vaillant royaliste s'arrêtent au moment le plus dramatique de sa carrière; nous tenterons de combler cette lacune en rappelant la part glorieuse qu'il prit au dernier soulèvement de la Vendée.

Tout allait mal pour les légitimistes, à la fin du mois de mai 1832. Fixé primitivement au 24 dudit mois, le mouvement avait été remis au 4 juin, sous la pression des *pancaliers*, ou royalistes ennemis de la violence, appelés ainsi par les paysans, du nom d'un chou haut sur tige qui *manque de cœur*. Berryer avait obtenu de la duchesse de Berry et du maréchal de Bourmont un contre-ordre, donné trop tard pour avoir chance de parvenir en temps voulu à tous les chefs. Sur la rive droite de la Loire, dans le Bas-Maine et à Vitré, quelques paroisses se soulevèrent prématurément; isolées dans leur offensive, elles se heurtèrent à toutes les forces de l'ennemi. Après des combats glorieux, mais par trop inégaux, Gaullier à Chanay, Courson à Toucheneau, furent obligés de licencier leurs hommes. La saisie des plans de l'insurrection à la Charlière, chez M. de l'Aubépin, la défection de presque tous les officiers vendéens, achevèrent d'enlever le plus petit espoir de vaincre aux derniers fidèles de la duchesse de Berry. Madame était venue se réfugier dans leurs rangs, il fallait tomber galamment sous ses yeux, en criant « Vive Henri V »! et voilà tout.

Le 3e corps d'armée royaliste, commandé par le baron de Charette, se composait théoriquement des divisions de Saint-Philbert-de-Grandlieu, du Pays de Retz, du Marais, de Palluau, des Sables, de Bourbon-Vendée, de Montaigu, des Essarts, de Vallet, de Maisdon, de Vieillevigne, de Legé. En réalité, celles des Sables et du Marais ayant commencé leur rassemblement le 24 mai, faute d'avoir reçu le fameux contre-ordre, elles avaient été dispersées sans combat par la troupe; dans les autres, sauf les trois dont nous parlons ci-dessous, les officiers avaient démissionné en recevant le nouvel ordre de mouvement. Seules, le 4 juin, les divisions de Saint-Philbert, de Vallet et de Maisdon, et quelques paysans de Legé et de Saint-Étienne de Corcoué, partis malgré leurs chefs, répondirent à l'appel de M. de Charette, avec la compagnie nantaise. Ce corps d'élite, formé à Nantes et commandé par M. La Roche, avait subi lui-même l'influence dissolvante des *pancaliers*. Au lieu des deux cent cinquante hommes (y compris un peloton à cheval) qui composaient son effectif, les royalistes dont les noms suivent se présentèrent seuls au rassemblement :

Troupes à pied : MM. le comte d'Hanache, ex-capitaine au 5e de la garde royale, ancien écuyer de la duchesse de Berry ; de Bonrecueil, capitaine d'infanterie démissionnaire en 1830, qui avait eu l'honneur de recevoir Monsieur sous son toit, lors du débarquement en Provence ; Convins, ex-lieutenant de la garde royale ; de Lafaille, ancien chef d'escadrons ; O'Egerthy, de Clercy, les deux Trégomain, dont le plus jeune était sous-officier de cavalerie ; Alexis de Monti, Arthur de Maublanc ; Lepot, Emerand de la Rochette, de Guinebaud, de Kermel, de Ploësquellec ; Robert des Dodières, avocat, et François des

Dodières; les deux Dubois; de Logette, Reliquet, Barbot; Ransay, ex-sous-officier de la garde royale; Crouillebois, ex-fourrier d'infanterie; les anciens gendarmes de Paris Tordo et Journée; l'employé de banque Michaud; le répétiteur de pension Joubert; Dumanoir, Crouillebois, Theignié; les séminaristes Le Huédé, Baconet, Chevalier, Étourneau; Hyacinthe de la Robrie, fils du vieux héros vendéen; Beaudichon, de la Pinière, Henri de Romain, Bélonneau, Billou, frère de la future Mme La Roche, vaillant jeune homme mort peu de temps après le soulèvement; François, Oret, Reth, Michot, le menuisier Grimaud.

Troupes à cheval : MM. le comte de Lorges, ex-capitaine au 6ᵉ chasseurs, Alexandre de Monti, Foucaud, Michel et Auguste du Châtelier, Daviais, Ferdinand de Mesnard, Amédée de Maublanc, de Puylaroque, Albert de Couëtus.

(MM. de la Palme et Dumoustier, arrêtés

à Paris, et Caroff, en service commandé à Nantes, ne purent, malgré leur bonne volonté, assister au combat du Chêne.)

Quelle ne devait pas être l'estime dont jouissait M. La Roche, pour que des officiers plus élevés en grade, un officier supérieur même, consentissent à servir sous les ordres d'un simple lieutenant de gendarmerie !

Cependant, par suite d'un ordre verbal mal transmis par M. de Puyseux, aide de camp de Charette, les divisions de Maisdon et de Vallet avaient été mises en déroute au village de Maisdon. Charette n'avait plus, pour défendre la mère d'Henri V confiée à sa garde, que la division La Robrie (Saint-Philbert), la compagnie nantaise et les paysans de Legé et de Saint-Étienne de Corcoué dont nous avons parlé ; environ quatre cents hommes en tout. Les troupes philippistes, n'ayant plus rien devant elles, convergeaient de toutes parts vers le petit corps royaliste. Charette traversait les landes de Bouaine, marchant dans la direction du village du Chêne, quand l'approche de l'ennemi lui fut signalée du côté de Vieillevigne. Il fallait aller au plus pressé.

Le Chêne se composait alors d'une dizaine de feux. La petite rivière de l'Issoire le contourne, à cent pas des maisons, et la rive opposée est bordée d'une haie. M. de Charette dissimula sa troupe derrière cette haie, puis les royalistes attendirent l'ennemi dans le plus profond silence.

Six compagnies du 44e de ligne, avec plusieurs brigades de gendarmerie et de la garde nationale, sous les ordres du commandant Morand, étaient sorties de Vieillevigne pour se porter à la rencontre des insurgés, dont on avait signalé la présence à Montbert. Au bout d'un certain temps, l'avant-garde de ce détachement, composée des compagnies Schwin et de la Croix, traversa le village du Chêne. La compagnie de la Croix marchait en tête; elle se dirigeait vers le petit pont de bois qui joignait les deux rives de l'Issoire, en face du centre de la ligne des royalistes, quand ceux-ci ouvrirent le feu. Les soldats, surpris, se replièrent précipitamment vers le hameau et s'établirent en avant des maisons, tandis que la compagnie Schwin restait en réserve, au nord-est du Chêne. Pendant ce temps, le commandant Morand, manœuvrant pour prendre les chouans à revers, traversait l'Issoire au sud du Breuil de Paulx, où la rivière tourne à angle droit dans la direction de l'ouest.

La fusillade continuait entre les libéraux et les royalistes, sans avantage marqué d'un côté ni de l'autre. Le combat traînant en longueur, Charette ordonna à la compagnie nantaise d'enlever d'assaut le village. La Roche leva son sabre. Au commandement de « en avant ! » la compagnie, comme un seul homme, se précipita dans l'Issoire avec un hourrah si formidable, un élan si impressionnant que, sans attendre le choc, les défenseurs du Chêne prirent la fuite, entraînant la compagnie Schwin dans leur déroute. La Roche les poursuivit pendant un quart d'heure, mais Charette fut bientôt obligé d'exécuter un changement de front, pour faire face à un nouvel adversaire. Le commandant Morand avait achevé son mouvement tournant; quatre compagnies occupaient maintenant la position abandonnée par les royalistes au moment de l'attaque du Chêne, sur la rive opposée de l'Issoire. Chargés vigoureusement, les philippistes fléchirent et reculèrent de champ en champ, par échelons. Par malheur une terrible pluie d'orage survint, et, comme les paysans n'avaient pas de cartouchières, leurs munitions devinrent complètement inutilisables, juste au moment où de nombreux renforts arrivaient de toutes parts au commandant Morand. Les royalistes ne pouvaient plus riposter au feu de l'ennemi; c'était la defaite inévitable, la fin de la Vendée militaire. Charette dut se retirer et licencier sa troupe. Dès lors il ne songea plus qu'à la sûreté de Madame, dont la vie était en danger : la veille, ces mêmes soldats n'avaient-ils pas assassiné Mlle de la Robrie qu'ils prenaient pour la mère d'Henri V?

Arrêté à Nantes, condamné par la Cour d'assises de Rennes à la déportation, La Roche fut envoyé au Mont-Saint-Michel. L'étonnant procureur du roi Demangeat, célèbre par ses fantaisies judiciaires et dont on n'a pas oublié les mésaventures lors du procès Berryer, s'était opposé à ce qu'on le jugeât à Nantes, où les jurés ne lui paraissaient pas assez sectaires. Le jugement de Rennes fut cassé et M. La Roche acquitté aux assises du Loiret, le 29 juillet 1833.

Depuis lors, il vécut à Nantes, dans la pratique des vertus chrétiennes et familiales. Il eût de grands chagrins; il les supporta courageusement, avec une admirable résignation. Le vaillant combattant du Chêne était resté en rapports très cordiaux avec les plus grands personnages du parti légitimiste; le comte de Chambord lui témoignait la plus flatteuse estime.

Invité à venir à Froshdorf avec ses deux fils, M. La Roche allait se mettre en route, quand il fut emporté par une affection intestinale. Il mourut en prononçant ces paroles : *In te, Domine, speravi, non confundar in æternum !*

Le manuscrit des souvenirs d'un officier de gendarmerie nous a été confié par son petit-fils, digne rejeton d'une famille où la foi et l'esprit militaire se transmettent de père en fils, comme un précieux héritage.

A. DE C.

SOUVENIRS

D'UN

OFFICIER DE GENDARMERIE

SOUS LA RESTAURATION

I

Mon père est forcé d'accepter les fonctions de trésorier général, puis injustement destitué. — Dévouement de ma mère sous la Terreur. — Chute de l'Empire, — Marie-Louise à Blois. — Terrible épidémie. — La dame mystérieuse. — Mon père est assassiné. — Paroles étranges du maréchal Ney.

Mon père était sergent-major, lorsque la Révolution éclata. S'il était resté dans l'armée, il eût pu, comme beaucoup de ses camarades, parvenir aux plus hauts grades, mais ses convictions politiques ne lui permettaient pas de servir le nouveau gouvernement, et il consacra tous ses efforts à la cause du roi malheureux. Il assista au siège de Lyon, puis il partit avec le détachement qui marchait sur Paris pour délivrer Louis XVI.

Ayant appris, en arrivant à Étampes, la mort de l'infortuné souverain, il revint à Blois où habitait sa mère. Quelques mois plus tard il était nommé, bien malgré lui, receveur général de Loir-et-Cher. Il avait été contraint d'accepter ces fonctions : au moment de la Terreur les capacités financières manquaient dans l'administration : on l'avait pris, connaissant son savoir; or, à cette horrible époque, refuser eût été pour lui la mort. Il lui fallut gérer les finances du département, dans l'inextricable fouillis des mandats et des assignats. Il réussit pourtant à mettre en ordre sa comptabilité, mais cela ne l'empêcha pas d'être révoqué pour toute récompense, parce qu'il ne voulait pas hurler avec les loups. Il eut du moins l'honneur de sortir pauvre d'une place où ses collègues, moins scrupuleux, arrivaient vite et facilement à la fortune. Loin de l'enrichir, cette place fut le tourment de sa vie. Quinze ans d'un travail incroyable lui suffirent à peine pour régulariser des comptes qu'une variation journalière dans les valeurs rendait, pour ainsi dire, impossibles à faire; il venait enfin d'obtenir son *quitus* définitif, quand la France, épuisée, eut le bonheur de revoir ses princes légitimes.

Nous étions pauvres; pour nourrir ses six enfants, mon père avait été obligé de se placer comme premier commis chez son successeur; ce qui avait le bon côté de lui faciliter la reddition de ses comptes, car il avait ainsi tous les documents nécessaires à sa disposition. Fort chichement payé, il dirigeait en réalité la recette générale, dont le titulaire profitait cyniquement de son travail et de son expérience. Que de mérites d'un côté! Quelle dureté, quelle ingratitude de l'autre! Mais cependant mon père, dans ces modestes fonctions, sût toujours conserver l'estime et la considération que tous lui accordaient avant sa ruine.

Au plus fort de la Révolution, ma mère, enceinte de moi, avait appris que son cousin La Roche-Chalmet, jeune homme de dix-neuf ans, allait être fusillé. Il avait été pris faisant des enrôlements pour la Vendée, alors à l'apogée de ses succès. Ma mère courut à la prison. C'était une femme d'une grande beauté, elle s'aperçut que le geôlier n'y était pas insensible. Après avoir obtenu l'autorisation de voir le prisonnier, elle attira l'attention dudit geôlier pendant que La Roche-Chalmet s'évadait par la porte qu'elle avait laissée ouverte. Le républicain, furieux d'avoir été joué, garda ma mère à la place du fugitif. Elle eût certainement payé de sa vie... et de la mienne, cet acte courageux, si la mort de Robespierre n'était venue mettre un terme au massacre des honnêtes gens.

Sous le premier Empire, l'éducation des jeunes gens était beaucoup moins soignée qu'aujourd'hui; on songeait alors uniquement à faire des soldats, et, en attendant la discipline des régiments, on subissait celle des collèges, qui n'était pas plus douce. Dès le commencement de mes études, la sévérité des professeurs me rebuta. Pendant qu'Amédée Thierry, qui était dans ma classe, remportait tous les succès, je m'occupais plutôt de jouer des tours à mes camarades et à mes maîtres que de savourer les auteurs latins. Je végétai ainsi jusqu'en seconde. Dans cette classe, un châtiment trop rigoureux, auquel je ne voulus pas me soumettre, me fit prendre la résolution d'interrompre des études dont je ne tirais, d'ailleurs, aucun fruit. J'avais alors quinze ans et demi. Je quittai le collège, et je dus tout de suite songer à mon avenir, car je n'avais pas de fortune.

C'était en 1810, l'étoile impériale commençait à pâlir. L'Europe respirait l'odeur de la poudre, partout retentissait le cliquetis des armes. Il ne restait plus en France que les hommes assez riches pour s'acheter plusieurs remplaçants à des prix fabuleux. Cette fois il s'agissait d'être enrôlé dans les gardes d'honneur, et il n'y avait pas moyen de s'y soustraire. On avait même abaissé la limite d'âge des conscrits; il fallait partir à dix-huit ans. Pour m'empêcher d'être pris, ma mère eut l'idée de faire de moi un médecin; mais j'étais trop impressionnable pour supporter la vue des opérations chirurgicales et les cris des patients, il me fallut renoncer à cette carrière. J'entrai tout simplement dans les bureaux de la recette générale, sous les yeux et sous la direction de mon père, avec un traitement de cinq cents francs par an. Je remplissais ces premières fonctions depuis quelques mois à peine, quand le désastre des troupes françaises vint encombrer de blessés l'hôpital de notre ville. Les habitants de Blois furent requis de fournir à l'administration tout le matériel de literie nécessaire. Il y avait des soldats de toutes les nations; on était obligé d'en mettre deux ou trois dans le même lit; et souvent on y voyait à la fois un vivant, un mort et un agonisant.

Dans de telles conditions, il était difficile de constater les décès d'une manière certaine. Le service médical était insuffisant, celui de l'administration des hôpitaux l'était bien plus encore. Je fus désigné pour être adjoint à ce dernier. Je passais mes jours, et aussi mes nuits, auprès des moribonds, pour tâcher d'en obtenir quelque renseignement dans l'intérêt de leurs familles.

La grande agglomération de malades dans un local trop petit ne tarda pas à engendrer une effroyable épidémie de typhus. Les militaires mouraient comme des mouches; plusieurs sœurs de l'hôpital furent victimes de la contagion. Le mal se répandit en ville et j'en fus atteint moi-même. Sans connaissance, en proie à une fièvre ardente pendant trente-un jours, je fus l'objet des soins les plus tendres de la part de ma pauvre mère qui me donna une seconde vie, car ma guérison peut être considérée comme une résurrection. Je fus le seul sauvé de tous ceux qui furent réellement atteints du typhus. C'était en mars 1814, l'Empire achevait de s'écrouler. Un jour, on annonça l'arrivée à Blois de l'impératrice Marie-Louise et du jeune roi de Rome. On reçut en même temps l'ordre d'évacuer sur Tours les pauvres malades de l'hôpital. Ils furent entassés dans plusieurs bateaux; un grand nombre moururent en route. Mais il fallait bien assainir la ville pour recevoir l'impératrice. J'entrais en convalescence lorsque ces événements se passèrent, et je pus voir, de mon lit, le triste cortège de l'ex-souveraine fuyant la capitale, qui allait ouvrir ses portes aux étrangers.

On ne saurait se faire une idée de l'état d'épuisement où se trouvait alors notre malheureux pays; il n'y avait plus de valides que les hommes mariés. Le commerce était anéanti, tout était hors de prix, la ruine était universelle et complète. Pas une famille qui n'eût à pleurer la perte de malheureux enfants, sacrifiés à l'ambition d'un seul homme. Aussi nulle parole ne pourrait exprimer la joie qui éclata à la nouvelle du retour de nos princes légitimes. On s'embrassait dans les rues sans se connaître, on chantait, on pleurait, on dansait, on était fou de joie. L'Empire avait abusé de la France, tout le monde en était lassé; généraux, officiers, soldats, presque tous le voyaient tomber avec satisfaction.

Mon père et ma mère ne savaient comment remercier la Providence d'un changement si subit.

L'aînée de mes sœurs s'était mariée; la seconde, à son tour, venait d'épouser un employé du ministère de l'intérieur. Ma mère avait été la conduire à Paris et l'installer dans son ménage. A son retour, elle se trouva dans la diligence avec une dame d'extérieur distingué, qui paraissait en proie à une profonde tristesse. Il n'en fallut pas davantage pour exciter sa sympathie, car elle avait le cœur encore tout meurtri d'avoir quitté sa fille. La conversation s'établit entre les deux femmes, puis bientôt la confiance. La dame inconnue, sachant que ma mère allait à Blois, lui dit qu'elle se rendait elle-même dans cette ville, où l'appelaient quelques affaires, et lui demanda de lui indiquer une maison particulière où on pût la recevoir pendant son séjour, car elle n'aimait pas les auberges. Ma mère put résoudre facilement cette question; elle proposa à l'étrangère de venir passer quelques jours chez nous, où elle trouverait une hospitalité bien modeste, mais du moins cordiale. Sa proposition fut acceptée avec reconnaissance.

La dame mystérieuse était d'une taille peu commune. Pour tout bagage elle portait quelques effets enveloppés dans une serviette. On l'installa dans une chambre disponible, et, peu d'instants après, je fus envoyé l'avertir que le dîner était servi. Je la trouvai en larmes; malgré mes vives instances, elle refusa de prendre place à notre table. Nous apprîmes ultérieurement que, s'étant procuré quelques aliments, elle les avait mangés dans sa chambre pour ne pas nous être à charge. Mon père et ma mère en furent très attristés; ils lui firent comprendre qu'il fallait accepter notre hospitalité entière, ou rien du tout. Leurs instances étaient très opportunes, la pauvre femme laissa voir sa pénurie d'argent en me priant de vendre les rares bijoux qu'elle portait sur elle. Je confiai la chose à ma mère, qui me renvoya près de l'inconnue avec ses bijoux et l'argent qu'elle en demandait. La dame en question paraissait si bonne, avait des manières si distinguées que, sans la connaître, nous partagions toutes ses peines. Elle ne tarda à trouver l'occasion de déployer les ressources de son esprit et de son cœur.

Quelques jours seulement après l'arrivée de la dame mystérieuse, mon père avait pris rendez-vous avec son ancien notaire, lequel devait lui fournir la somme nécessaire pour effectuer le premier paiement de la dot de ma sœur aînée. Ledit notaire avait invité mon père à dîner; après le repas, il devait lui remettre deux mille francs restant à son crédit, pour payer un billet à l'ordre de son gendre échéant le lendemain. A ce dîner prenait part un troisième convive, un vieux militaire dont le rôle était probablement de faire causer mon père et de lui verser à boire.

La soirée s'avançait, mon père ne revenait pas. Nous commencions à nous inquiéter; je me décidai à aller le chercher chez le notaire : on me dit qu'il était parti depuis plus d'une heure. Je pensais le trouver chez un de nos amis où il allait souvent; on me répondit qu'il venait de partir et qu'il semblait plus gai qu'à l'ordinaire. J'espérais qu'il était rentré à la maison : il n'était point de retour!

Nous l'attendîmes toute la nuit, dans des angoisses indicibles; à chaque instant nous croyions entendre son pas. Aux premières lueurs du jour, nous nous mîmes à parcourir la ville dans tous les sens ; nous employâmes tous les moyens possibles pour découvrir quelque trace de lui. On comprend facilement les horribles angoisses de ma malheureuse mère! La bonne dame inconnue ne l'avait pas quittée. Enfin on vint nous dire qu'on avait vu monter dans la diligence un monsieur dont le signalement pouvait être celui de mon père, et, cherchant à éloigner les idées sinistres qui assiégeaient notre esprit, nous tâchâmes de nous persuader que le désir ardent de revoir nos princes légitimes, ou l'espoir d'obtenir à Paris le remboursement de créances importantes résultant de ses comptes avec la recette générale, l'avait entraîné à entreprendre sans nous en prévenir cet invraisemblable voyage.

Cependant nous étions au jour même de l'échéance du billet; il fallait de l'argent pour le payer. Ma mère envoya un petit mot à l'ancien notaire chez qui l'on devait toucher les deux mille francs. Elle fut stupéfaite de recevoir cette réponse : « Je ne dois rien. »

Mon père avait emporté avec lui tous les papiers relatifs à ce compte, puisqu'il s'agissait d'un solde définitif; nous n'avions plus entre les mains aucune pièce prouvant notre créance, ce qui ajoutait encore aux tourments de ma pauvre mère. Huit grands jours et huit mortelles nuits se passèrent dans l'attente d'une lettre ou de nouvelles. Le neuvième jour seulement, nous fûmes avertis qu'on venait de trouver le corps de mon père sur la berge de la Loire. Il avait encore sur lui sa montre, sa bourse et quelques papiers insignifiants ; mais quant aux pièces relatives à son compte, on n'en avait pas trouvé trace. Il m'est impossible d'exprimer la douleur de ma mère, qui perdait à la fois le meilleur des maris et le gagne-pain de toute la famille. Ce fut dans ces cruelles circonstances que l'amitié de la bonne dame étrangère nous fut particulièrement précieuse. En ce qui me concerne, le coup fut d'autant plus terrible pour moi qu'élevé sans religion, comme l'était la jeunesse sous l'Empire, j'étais privé des consolations de la foi. Pendant plus de dix ans, je suis resté sous l'impression des angoisses que nous éprouvâmes durant les huit jours qui suivirent la disparition de mon père. Ne l'ayant pas vu malade, l'ayant quitté en pleine santé, je croyais toujours qu'il allait reparaître. La nuit surtout, pendant mon sommeil, j'étais poursuivi par cette illusion décevante. Mon père nous avait été enlevé au moment où il venait d'obtenir mainlevée du séquestre qui pesait sur le peu de biens qu'il possédait pendant la reddition de ses comptes, et où il allait entrer en possession de sommes assez considérables, à lui dues par des receveurs particuliers. Ces sommes montaient à près de 40 000 francs, elles étaient notre unique ressource. Mais mon père n'était plus là pour en poursuivre le recouvrement, et je devenais le seul soutien de ma mère. J'avais seize ans et demi, mes trois sœurs aînées étaient mariées ; il ne restait plus avec moi qu'un frère et une sœur qui étaient jumeaux, et qui n'avaient pas fini leur éducation. Les difficultés de notre situation me donnèrent du courage. Je travaillai avec tant d'ardeur qu'on augmenta mon traitement de 300 francs, ce qui l'élevait à 800. J'obtins un autre emploi de 300 francs au bureau des eaux et forêts, où je travaillais le matin et le soir. Cela me faisait près de quatorze heures d'écritures par jour ; c'était bien fatigant, mais la nécessité me donnait du cœur, et j'ai toujours regardé ce travail écrasant comme un bienfait de la Providence, car, sans religion et avec un tempérament très ardent, entouré de dangers de toutes sortes, l'oisiveté eût probablement fait de moi un bien mauvais sujet.

Dans notre situation précaire, conserver Mme Groult auprès de nous (c'est ainsi que s'appelait l'étrangère) paraissait à nos amis une charge au-dessus de nos forces, mais ma mère avait été si touchée des soins et des consolations qu'elle lui avait prodigués au premier moment de sa douleur, qu'elle lui avait voué une reconnaissance profonde et une amitié sincère. Mme Groult, quoique ayant toutes les apparences d'une origine élevée, s'était identifiée à notre position. Elle rendait dans la maison tous les services en son pouvoir ; bien entendu nous ne lui aurions jamais permis de se livrer à aucune œuvre servile. Ses conseils ne nous étaient pas moins utiles que ses bons soins. C'était une femme éminemment distinguée ; si j'ai eu toute ma vie le goût de la bonne compagnie, c'est à elle que je le dois.

Il y avait déjà plusieurs mois qu'elle vivait avec nous, alors qu'en arrivant elle comptait passer quelques jours seulement à Blois. Elle ne recevait aucune lettre ; nous soupçonnions que le nom qu'elle se donnait n'était pas celui de sa famille, dont elle parlait très vaguement. Nous savions cependant qu'elle avait des parents fort riches ; aussi, pour la mettre à l'aise, ma mère lui faisait payer une pension modique.

Le receveur général chez lequel je travaillais avait marié une de ses filles à un colonel des grenadiers de l'ex-garde impériale, en garnison à Blois depuis le retour des Bourbons. Ledit colonel avait six chevaux, et j'obtenais parfois d'en monter un avec le soldat qui les pansait. Cet exercice me plaisait infiniment, il me donnait l'occasion de causer avec le brave militaire en question. Nous étions dans les derniers mois de 1814. Le vieux grenadier avait fait toutes les campagnes de l'Empire ; il s'ennuyait de la vie de garnison, et m'assurait être bien décidé à demander son congé, lors d'une revue que le maréchal Ney devait venir passer prochainement. La revue terminée, je fus surpris de le trouver décidé à rester encore au service. Je lui demandai la cause d'un changement aussi subit dans ses intentions. — « Le maréchal, me répondit-il, m'a demandé pourquoi je voulais m'en aller. Je lui ai dit que je regrettais celui qui nous menait au combat, et que je m'ennuyais à ne rien faire. Il répliqua : « — Eh « bien ! reste donc au régiment; es-tu certain « qu'il ne reviendra pas, et peut-être même « dans un avenir rapproché (1) » ?

Les prévisions du maréchal Ney ne tardèrent pas à se réaliser. Quelques mois plus tard, Bonaparte marchait sur Paris, et l'on faisait appel à tous les hommes de cœur pour former des bataillons destinés à arrêter le fléau menaçant la France. Je fus un des premiers à répondre à l'appel de notre chef, le comte de

(1) Ces paroles pourraient faire soupçonner que, dès cette époque, le maréchal avait l'intention de ne pas défendre les Bourbons.

Salaberry. Les volontaires royaux étaient nombreux, mais le roi fut trahi et Bonaparte revint, pour achever de ruiner notre pays en attirant sur lui une invasion plus terrible que la première.

II

Bataille de Waterloo. — Les Prussiens à Blois. — Ils veulent mettre la ville au pillage pour venger le meurtre d'un de leurs officiers. — Je suis envoyé à Paris implorer la clémence des souverains alliés. — Une course fantastique. — Je suis reçu par le baron Louis. — Je découvre l'identité de l'inconnue mystérieuse. — Blois est sauvé, grâce à la rapidité de ma course.

Le retour de l'homme que la France avait vu tomber l'année précédente, avec tant de joie, inspirait au plus grand nombre une sorte de terreur; on voyait avec effroi reparaître l'assassin du prince de Condé, le persécuteur de Pie VII, *le bourreau d'hommes,* comme l'appelaient les mères de famille. Seuls les anciens militaires étaient contents, dans l'espoir de prendre leur revanche des dernières défaites, espoir qui allait être bientôt réduit à néant par de nouveaux désastres. Le régiment des grenadiers de la garde, stationné à Blois, reçut l'ordre de partir immédiatement pour Paris, tandis que nous, les volontaires royaux, nous attendions celui de nous rendre en Vendée, où l'on comptait sur la présence du duc de Bourbon (1). Nous étions armés et équipés, tout prêts à entrer en campagne. Ma mère m'aida à nettoyer mon fusil, la veille du jour où nous croyions partir : elle serait morte de chagrin si j'avais été forcé de servir sous le drapeau tricolore. Mais trois mois se passèrent dans les plus mortelles angoisses. Les préparatifs d'une lutte formidable absorbaient toutes les ressources de la France. D'un autre côté la Vendée s'agitait, et néanmoins nous ne recevions aucun ordre. Enfin la nouvelle de la défaite de Waterloo éclata comme un coup de foudre.

Nous ne tardâmes pas à en ressentir le contrecoup. Bientôt la France était de nouveau envahie, Napoléon reprenait pour la seconde fois le chemin de l'exil. L'avant-garde des troupes prussiennes désignées pour occuper Blois ne tarda pas à paraître. Son chef se présentait à l'entrée de la ville, quand un garde national eut la malencontreuse idée de tirer sur lui et de le blesser mortellement. Les Prussiens, furieux, mirent les gardes nationaux en déroute.

(1) Les royalistes de l'Ouest ne devaient pourtant plus avoir d'illusions sur le tempérament belliqueux des derniers Bourbons.

Le général ennemi voulait mettre la ville au pillage. Désespéré, le préfet fit tous ses efforts pour calmer la colère de ce dernier, qui finit par se laisser fléchir et consentit à borner le châtiment à une forte indemnité de guerre : en cas de non-paiement, par exemple, Blois serait abandonné à la fureur des soldats.

Après bien des prières et beaucoup d'humbles excuses, le préfet obtint un sursis de vingt-quatre heures, pendant lequel, espérait-il, on aurait le temps d'envoyer quelqu'un à Paris plaider la cause de Blois auprès des princes alliés. Il me fit appeler dans son cabinet, et me pria de m'apprêter à monter à cheval pour me rendre à Paris en poste. Il m'expliqua la mission très importante qui m'était confiée, me dit qu'il s'agissait du salut de la ville et de ses habitants, et qu'il fallait à tout prix obtenir une mesure de clémence des souverains étrangers réunis dans la capitale; que pendant que j'irais m'apprêter pour partir, il écrirait une lettre au ministre des finances, auquel il m'adressait; que je n'avais pas une minute à perdre, et que je trouverais la lettre toute prête et mon cheval sellé en revenant à la préfecture.

J'avais dix-sept ans et demi, aussi l'on peut juger de mon bonheur d'être chargé d'une pareille mission. Fou de joie, enflammé d'ardeur, je cours à la maison avertir ma mère. Mme Groult prépare à la hâte une lettre pour sa famille. C'était la première fois qu'elle nous en parlait, mais elle ne put résister à la tentation de faire parvenir à celle-ci de ses nouvelles.

J'arrivai à la préfecture muni d'une bonne paire de bottes à l'écuyère, et d'une selle commode que je devais conserver toute la route. Je reçois mes instructions du préfet, le postillon prend le galop, je le suis, et nous voilà partis.

Il me fallait traverser toute l'armée des alliés, échelonnée sur ma route; je n'éprouvai heureusement aucun retard. Les premières postes ne furent pour moi qu'un bonheur inexprimable, mais, arrivé à Étampes, je n'en pouvais plus. Je pris un cabriolet léger qui allait aussi vite qu'un cheval au galop. Je voyageai ainsi jusqu'à la dernière poste. Là je repris un bidet, et j'arrivai à sept heures du matin au ministère des finances. Je fus introduit tout de suite auprès du baron Louis, je lui remis ma dépêche dont il parut très impressionné. Il me demanda quelques explications, et il me dit que, dans une heure, il m'enverrait sa réponse au préfet de Blois, à l'adresse que je lui indiquerais. J'avais seulement traversé Paris au galop, et j'avais grand désir d'y rester quelques jours. Le préfet m'avait autorisé, si je me sentais fatigué, à en avertir le ministre qui lui renverrait une autre personne à ma place. Je voulus en toucher un mot au baron Louis, mais celui-ci, m'interrompant, me donna une petite tape sur la joue : « Mon jeune ami, dit-il, vous remplissez une belle mission ; vous l'avez trop bien commencée pour ne pas la finir. »

Je lui donnai l'adresse de ma sœur, que j'eus à peine le temps de voir un instant, et je courus chez les parents de Mme Groult. Ils demeuraient dans le voisinage. J'appris, au cours de ma trop rapide visite, que Mme Groult de Saint-Paër (tel était le nom de la dame mystérieuse) avait quitté Paris sans prévenir personne ; c'était une excellente personne, mais elle avait joué à la loterie et dissipé ainsi les 30 000 livres de rente dont se composait sa fortune; on avait repêché dans les filets de Saint-Cloud une femme très grande répondant à son signalement, et on croyait qu'elle s'était suicidée. Enfin sa famille consentit volontiers à lui servir une pension, mais à la condition qu'on en remettrait le montant à ma mère, à laquelle on rembourserait toutes ses avances. La famille de Saint-Paër me témoigna beaucoup de reconnaissance ; elle me parut appartenir à la classe la plus élevée de la société.

Je revins chez ma sœur. Mes dépêches n'y étaient pas encore arrivées, mais elles ne se firent pas longtemps attendre. Un instant après un cavalier me demandait au concierge; il était suivi d'un postillon tenant un cheval en main. C'était le signal du départ. Il était huit heures et demie du matin, et je devais être rentré à Blois à huit heures du soir.

J'étais encore sous l'impression des paroles flatteuses du ministre, ma fatigue avait disparu, je ne pensais plus qu'à la joie du retour. Il s'effectua le plus heureusement du monde. J'arrivai à Blois quelques minutes avant l'expiration du sursis: le préfet m'attendait sur le péristyle de son hôtel. Je me jetai dans ses bras en lui remettant ma dépêche. J'avais dépensé tout ce que je possédais de forces, mais la ville était sauvée; un quart d'heure plus tard, il n'était plus question de guerre ni de pillage. Le général prussien prenait tranquillement ses dispositions pour le cantonnement de ses troupes; les souverains alliés lui avaient ordonné, sur la prière du baron Louis, d'user des procédés les plus amicaux à l'égard de la ville.

III

Reconnaissance du préfet. — On me propose la place de receveur général. — Remise du drapeau blanc au 10e d'infanterie. — Les Cent-Jours. — Hécatombes de fonctionnaires. — Mon dégoût pour la vie de bureau. — Je pars pour Paris.

Un bain et une bonne nuit suffirent pour faire disparaître chez moi toute trace de fatigue. Aussitôt levé, je courus à la préfecture où j'étais attendu avec la plus vive impatience. M. Bocot de Roman, le préfet, m'embrassa de nouveau et me félicita de la bonne réussite de mon voyage. Il me fit les offres les plus généreuses, jusqu'à me proposer de me faire nommer receveur général en mémoire de mon père, qu'il avait beaucoup connu et auquel il avait même fourni son cautionnement; il était tout prêt à obtenir pour moi cette place, si j'y avais consenti. Mais elle avait rendu mon père trop malheureux pour me tenter, et je ne me souciais en aucune façon d'endosser de pareilles responsabilités et d'encourir de semblables tourments. D'ailleurs mon âge me paraissait un obstacle invincible, ce en quoi je me trompais, d'ailleurs, car j'ai su depuis que le receveur général de Vannes, qui vient d'être destitué, avait été placé par lui aussi jeune que moi... et qu'il s'y est ruiné, comme je l'aurais probablement fait moi-même (1). J'ai donc agi sagement en refusant ce poste.

Je me remis à ma besogne de bureau, gardant un souvenir enchanteur de mon voyage à Paris, qui fut longtemps le sujet de nos conversations entre amis. On procédait alors au licenciement de l'armée de la Loire, et à l'organisation d'une nouvelle armée. Le 10e régiment de ligne, qui avait manifesté des sentiments unanimes de fidélité au roi, avait été désigné pour la garnison de Vienne, faubourg situé sur la rive gauche de la Loire, en face de Blois. Ce régiment devint le 1er régiment d'infanterie de la garde royale. La garde nationale de Blois et le bataillon des volontaires royaux reçurent l'ordre de prendre les armes, et furent chargés de lui remettre le drapeau blanc.

Sa musique était excellente; elle vint se mettre à notre tête, en jouant des airs royalistes connus. Toutes les autorités civiles nous

(1) Ce chapitre a été écrit par M. La Roche en novembre 1859.

accompagnaient; une foule immense nous précédait et nous suivait, pour prendre part à cette belle cérémonie. On était dans les premiers jours d'août. Quand nous eûmes atteint le milieu du pont, nous trouvâmes le 10e de ligne formé en bataille. Il y eut soudain une telle explosion de « Vive le roi »! de part et d'autre, que l'enivrement fut porté à son comble. Nous remîmes au colonel le drapeau que le roi lui envoyait; il le reçut un genou en terre, puis, se relevant, il cria d'une voix forte : « Vive le roi »! Ce cri, répété par toute la foule, se prolongea sans interruption jusqu'à la nuit. La musique nous reconduisit jusqu'au centre de la ville, sans cesser de jouer les airs les plus entraînants. Le souvenir de cette journée ne s'effacera jamais de ma mémoire.

Les Cent-Jours coûtèrent fort cher à bien des gens sans convictions politiques : les hauts fonctionnaires firent une hécatombe des fonctionnaires à conscience élastique, dont la défection avait été par trop rapide. L'inspecteur des forêts chez lequel je travaillais fut destitué, mon receveur général, M. Lefebvre, fut changé de résidence et remplacé par M. de Saint-Martin, qui non seulement me conserva mon traitement, mais l'augmenta de la somme que me faisait perdre le départ de l'inspecteur des forêts. Pour la même somme, désormais, je ne travaillais plus que neuf heures par jour, temps bien suffisant pour moi, car les calculs me fatiguaient à l'excès.

J'occupais mes loisirs en faisant de la musique et en me livrant au jardinage. Je tenais cette dernière passion de mon pauvre père. La musique et l'horticulture ont été certainement pour moi les meilleurs préservatifs contre les entraînements de la jeunesse.

La garnison prussienne de Blois se composait d'un régiment d'infanterie et d'un régiment de cavalerie : *les hussards de la mort*. Ce dernier régiment avait un uniforme très sévère et était parfaitement monté. J'allais souvent, le matin, assister au pansage; les chevaux étaient magnifiques. Lorsque je les voyais manœuvrer, il se passait en moi quelque chose d'extraordinaire : il me semblait que j'étais né pour être cavalier, et que je le serais inévitablement un jour.

Il y avait déjà plus d'un an que les Bourbons étaient revenus pour la seconde fois ; ma mère avait retrouvé quelques ressources en vendant notre petite maison de campagne des Grouets, où nous avions passé des jours si heureux, et notre maison de ville. Une rente viagère que nous avions à servir et qui nous gênait beaucoup venait de s'amortir; la pension de Mme Groult de Saint-Paër avait été augmentée. La situation moins précaire de la famille semblait m'autoriser à songer à mon avenir. J'éprouvais des maux de tête insupportables, causés par le travail de bureau fatigant dont j'étais chargé; d'ailleurs la carrière de gratte-papier ne me plaisait en aucune façon. La Providence allait se charger de me conduire, comme par la main, à celle que je désirais.

Nous étions au 16 août 1816, anniversaire de mon heureux voyage à Paris. On s'occupait d'organiser la maison militaire du roi : j'appris que mon ami Dubin s'était fait recevoir dans les gardes du corps de Monsieur. Nous étions tous les deux dans la même position sociale, du même âge et de la même taille. Seulement il était plus riche que moi, et, dans la maison du roi, il fallait recevoir de sa famille une pension d'au moins huit cents francs par an. Cette exigence ne m'effraya pas, il m'était facile de l'éluder. Je pris la résolution bien ferme de borner mes dépenses au strict nécessaire, ce qui me rendrait aussi riche que mes camarades. Je devais produire un certificat de bonne conduite et de naissance honorable, signé par quatre chevaliers de Saint-Louis. Je fus bientôt en possession de cette pièce et de lettres de recommandation de MM. de Salaberry et de Beauvoir, tous deux députés de Loir-et-Cher.

Ma bonne mère ne fit aucune opposition à mes projets; Mme Groult de Saint-Paër me donna une lettre pour sa famille. Je partis pour Paris, emportant dans mon cœur les espérances les plus brillantes.

IV

Je suis admis aux gardes du corps de Monsieur. — Ma première garde. — Mme de Bermonville m'attache ma première épaulette. — Mésaventure du général Letourneur. — Sa minutie dans le service. — J'accompagne les princes à Fontainebleau. — Duels de gardes du corps. — Je demande à entrer dans les gardes du corps du roi.

Je descendis à Paris chez ma sœur, Mme Liber, dont le mari était employé dans les bureaux du ministère de l'intérieur. Elle était bonne et m'aimait tendrement; son hospitalité adoucissait mon chagrin d'avoir quitté ma mère, et ménageait ma bourse que le voyage avait rendue très plate.

Ma première visite fut pour M. le chevalier de Galard de Béarn, officier supérieur aux gardes du corps de la maison de Monsieur. Cet excellent homme me reçut avec la plus extrême bienveillance. Il fit atteler tout de suite son cabriolet, et, me prenant sous son égide, il me conduisit à l'état-major des gardes et me présenta au lieutenant général marquis Letourneur, major général des gardes du corps de Monsieur. Je lui montrai mes papiers, qu'il trouva parfaitement en règle ; il me fit passer sous la toise, consentit à mon admission et chargea M. le chevalier de Galard de me conduire à l'hôtel des gardes, et de me remettre entre les mains de l'adjudant-major qui devait me recevoir et m'installer. Jamais le cœur ne me battit plus fort ; ma destinée se dessinait, une agréable carrière s'ouvrait devant moi.

Je fus placé dans la compagnie d'Escars (1). On me fit prendre mesure de mes uniformes ; dès le lendemain, je devais répondre à l'appel et recevoir la petite tenue pour commencer mon instruction. J'avais de l'ambition et j'étais animé du zèle le plus ardent pour apprendre mon nouveau métier. J'étais confié aux meilleurs instructeurs de l'armée, aussi, en quinze jours, fus-je en état de monter ma première garde. C'était le jour de la Saint-Louis, le 24 août 1816. J'étais de service à l'Élysée-Bourbon, auprès du duc et de la duchesse de Berry qui venaient de se marier. Il y avait grande réception ; c'était la première fois que je voyais

(1) Nous conservons l'orthographe de ce nom, telle que nous la trouvons dans tous les documents de la Restauration.

réunis tant et d'aussi grands personnages. Je n'aurais pas donné ma place pour tous les trésors du monde. Chaque fois que je regardais le prince et la princesse, je n'osais respirer, tant je me sentais heureux. Cette journée me parut trop courte !

Peu de temps après mon arrivée, j'étais allé porter à la famille de Mme Groult de Saint-Paër une lettre dont elle m'avait chargé. J'en reçus l'accueil le plus gracieux. Ce n'était plus une visite de quelques minutes, comme à mon premier voyage ; l'on me retint à dîner et l'on m'invita à revenir le plus souvent possible. Mme de Saint-Paër était la belle-mère de M. le comte de Rouen d'Alvimare, fils aîné de la famille de Bermonville, laquelle se composait de trois fils qui portaient tous un nom différent : le second s'appelait le vicomte de Valliquerville, et le troisième, de Bermonville, nom générique de la famille. La mère de ces trois messieurs vivait encore la première fois que je les vis. Elle venait de mourir peu de temps avant mon arrivée aux gardes. C'était une grande perte pour eux tous, car, outre que cette femme avait les qualités les plus précieuses, elle était le lien de la famille. Elle avait émigré avec ses trois enfants. Les deux aînés servirent dans l'armée de Condé ; le troisième, étant trop jeune, était resté près d'elle. On comprend avec quelle sollicitude elle suivait tous les mouvements de l'armée ; mais ces voyages continuels ne tardèrent pas à épuiser ses ressources, qui ne pouvaient plus se renouveler; la misère et les souffrances s'offrirent à ses regards avec leur hideux aspect. Elle apprit que les biens immenses qu'elle possédait en France n'étaient pas encore vendus, et que, si elle avait le courage d'y rentrer, elle pourrait encore sauver une très grande fortune pour ses enfants. Elle partit pour Paris, confiant son plus jeune fils à la garde de ses frères; mais ce pauvre enfant, âgé de onze ans à peine, fut laissé par eux dans un village où ils espéraient revenir. Mme de Bermonville l'y retrouva trois ans plus tard, réduit à remplir les fonctions les plus infimes au service du garde-chasse d'un haut baron allemand, sous le nom de « petit Joseph ». M. de Bermonville, dont la jeunesse avait été si malheureuse, était devenu l'homme le plus savant, le plus distingué et le plus modeste qu'on puisse rencontrer ; il était d'un commerce charmant ; c'est chez lui que j'ai passé les plus heureux moments de ma vie. Sa femme était bien faite pour être la compagne d'un homme si accompli. C'est à tous deux que je dois mon goût pour la bonne compagnie et l'honorabilité de ma carrière, car ils ont été mes modèles et mes guides.

La veille de ma première garde, j'étais allé trouver Mme de Bermonville qui devait m'attacher ma première épaulette. Elle le fit de la manière la plus gracieuse, et voulut me donner ma première épée. Ces souvenirs sont encore bien chers à mon cœur : je me revois en faction à l'Élysée-Bourbon, à dix-huit ans, en costume d'officier, portant une épaulette qu'une belle dame avait bien voulu fixer à mon uniforme, de ses doigts aristocratiques. Ces impressions paraîtront puériles à bien des gens, elles ne sont plus de notre siècle.

Nous n'étions que deux cents gardes du corps de Monsieur pour faire le service de tous les princes, aussi nos gardes duraient-elles huit jours, pendant lesquels nous avions quarante heures de faction. Il fallait être jeune et solide pour résister à ces fatigues, d'autant plus que, la semaine d'après, on devait escorter les princes partout où ils allaient, puis la semaine suivante faire l'exercice à pied et à cheval deux fois par jour. Notre major général, M. le marquis Letourneur, était quelquefois très agaçant; il ne nous trouvait jamais assez bien alignés, quand nous prenions les armes au château pour le passage des princes. Il avait fini par faire mettre des clous dans le parquet, et il nous obligeait à poser les talons dessus; de sorte qu'il nous disait toujours en arrivant : « Allons! Messieurs, à vos clous »! Il nous tourmentait souvent pour des riens, aussi Mme la duchesse d'Angoulême, quand elle s'en apercevait, prenait-elle notre parti. La défense de porter nos uniformes en dehors du service était une grande gêne pour un certain nombre d'entre nous, qui n'avions pas de fortune. La mise en bourgeois était assez coûteuse. Le général Letourneur étant à Versailles, il rencontra un garde de Monsieur en tenue. Il le fit monter dans son cabriolet pour le ramener à Paris, ne voulant pas que l'uniforme de la maison du roi fût vu dans une voiture publique. Il s'arrêta devant la porte d'une famille à laquelle il devait faire une visite, et commanda au garde du corps de l'attendre dans le cabriolet. Son domestique le suivit dans la maison. Le général avait à peine disparu que le garde, auquel on avait confié les rênes du cheval, fit partir la bête au galop, rentra dans Paris, s'arrêta dans la cour des Tuileries où demeurait le général, y laissa le cabriolet et rentra à l'hôtel sans rien dire à personne. Le marquis

Letourneur, ayant fait sa visite, s'étonne de ne pas retrouver sa voiture, et finalement apprend que l'oiseau qu'il a mis en cage s'est envolé avec elle. Il entra dans une rage folle en se voyant obligé de faire lui-même ce qu'il avait interdit à son subordonné, c'est-à-dire de rentrer à Paris dans une voiture publique. Toujours furieux, il raconte sa mésaventure à tout le monde; il profère contre celui qui l'a joué de la sorte les plus terribles menaces. Mais comment retrouver le coupable dont il ignore le nom et qu'il n'a vu qu'un instant? N'importe ! il espère le reconnaître et ordonne pour le lendemain une revue des gardes du corps de Monsieur, à laquelle personne n'est autorisé à manquer. Le général arrive à l'hôtel quelques minutes avant le rassemblement. Il saute à la gorge du premier garde qu'il rencontre, en lui criant : « C'est vous » ! — « Je ne sais pas ce que vous voulez dire, mon général », lui répond le jeune homme. Il le quitte pour en saisir un autre au collet, puis un troisième, puis un quatrième, faisant toujours la même question et recevant la même réponse. Enfin nous sommes tous réunis sous les armes ; le général passe et repasse dans nos rangs, sans pouvoir reconnaître son homme. Il est obligé de retourner au château, désespéré de ne pouvoir se venger, et assez simple pour le dire.

Mme la duchesse d'Angoulême s'amusa beaucoup de cette histoire; le roi lui-même daigna trouver le tour assez bien joué, et le pauvre général en fut pour sa courte honte.

Mon bonheur d'être garde du corps n'était malheureusement pas sans mélange; ma solde de 60 francs par mois était insuffisante pour vivre à Paris, dans un milieu qui exigeait une mise convenable. J'avais beau m'imposer toutes les privations possibles, vivre avec la plus stricte économie, je ne parvenais pas toujours à joindre les deux bouts. Cette situation pénible me donna le courage de poursuivre le remboursement des sommes à nous dues par les receveurs particuliers, pour qui mon père avait été obligé de payer avant d'obtenir son *quitus définitif*. Au moment de sa destitution, un inspecteur des finances avait reconnu et constaté ce débit, lequel n'a jamais été contesté. Mais une fois mon père déclaré quitte envers l'État, il n'avait plus le pouvoir de forcer les receveurs particuliers à le payer, et il mourut sur ces entrefaites. Nous fîmes des démarches auprès des tribunaux ordinaires; ils se déclarèrent incompétents. Le conseil de préfecture en dit-

autant. Je m'adressai au ministre des finances : il me renvoya à la Cour des comptes. Celle-ci, après un longue correspondance et bien de la paperasserie, déclara : 1° Que les comptes de mon père étaient parfaitement en règle ; 2° que l'État n'avait rien à lui réclamer ; 3° que l'administration n'avait pas à s'occuper de ses relations avec les receveurs particuliers. Bref, après avoir épuisé toutes les juridictions administratives et civiles, nous restâmes désarmés contre des débiteurs de mauvaise foi.

Toutes ces démarches avaient lieu dans les intervalles de mon service, qui me consolait un peu de mes incessantes déconvenues. Quelque fatigant qu'il fût, je le remplissais toujours avec bonheur. Un soir du mois de janvier 1817, je reçus l'ordre de m'apprêter à monter à cheval pour aller à Fontainebleau, où nous devions être arrivés le lendemain matin de bonne heure. Il fallait donc marcher toute la nuit. Nous n'étions que six gardes du corps de Monsieur ; il s'agissait de faire le service du château pendant le séjour du duc d'Angoulême et du duc de Berry, qui devaient y offrir une grande chasse au duc de Wellington. On prit trois cerfs dans la journée. Le soir, pendant le dîner, j'étais de service derrière les princes. Toute la population de Fontainebleau circulait autour de la table; elle témoignait un empressement, et se livrait à des manifestations de dévouement dont je conserverai toujours le souvenir. Le duc de Wellington se montrait empressé auprès de nos princes; je ne me doutais pas que le même homme devait un jour encourager la révolution de 1830.

La maison militaire du roi était composée de jeunes gens de bonne famille, ayant le cœur haut et l'honneur susceptible; elle était jalousée par les officiers en demi-solde de l'ancienne armée. Ces derniers, par leur attitude provocante, s'attiraient souvent de sévères leçons. Nous avions pour maître d'armes le fameux Mathieu Coulon, la première épée de Paris. L'escrime chez nous marchait de pair avec les manœuvres à pied et à cheval; cet exercice est nécessaire pour donner à un jeune homme la grâce, la souplesse et un bon maintien militaire. La maison du roi ne tarda pas à conquérir une réputation de bravoure qui en imposa à ses détracteurs les plus acharnés. Malheureusement le duel était devenu à cette époque une véritable manie; pour une bagatelle on se battait avec son meilleur ami. Je comptais à peine quelques mois de service que j'avais déjà reçu un bon coup d'épée en pleine poitrine; mon adversaire, M. de Birogue, avait aussi été blessé. Nos blessures furent vite guéries, mais combien furent moins heureux que nous! Il faut bien l'avouer, il fallait avoir mis l'épée à la main pour jouir auprès de ses camarades d'une certaine considération. Et pourtant, quand on y réfléchit, quoi de plus coupable et de plus sot que le duel!

Je l'ai dit précédemment, j'avais de l'ambition, et je regrettais bien de n'avoir pas eu les quelques centimètres de taille qui me manquaient pour entrer dans les gardes du corps du roi. J'aurais eu un grade de plus, et 80 francs par mois au lieu de 60! C'était immense pour moi. L'occasion de m'y faufiler ne tarda pas à se présenter, et je me hâtai de la saisir. Au mois de juin 1817, la compagnie de Noailles avait été licenciée, à la suite d'une sorte de mutinerie provoquée par la sévérité inopportune du général d'Audenarde, lieutenant commandant; pour la reconstituer, on consentit à y recevoir les gardes du corps de Monsieur qui auraient cinq pieds cinq pouces et demi. J'avais quatre lignes de plus, j'étais donc sûr de mon affaire. Je demande l'autorisation de faire les démarches nécessaires, j'obtiens toutes les pièces indispensables, je rends mes armes et mon équipement au magasin, et je me présente triomphalement à l'état-major des gardes du corps du roi.

V

Fâcheux effet d'un voyage en coucou. — J'ai rapetissé d'un pouce! — Terrible moment d'émotion. — Je suis admis aux gardes du corps du roi. — Mon premier retour à Blois. — Le service aux gardes du corps. — Versailles. — Je fréquente la société anglaise. — Le manège du roi et MM. d'Abzac. — Politique de Louis XVIII. — Attaques de la Révolution contre la maison du roi. — Gouvion-Saint-Cyr cherche à supprimer les gardes du corps.

Je fus très bien reçu à l'état-major des gardes du corps du roi; l'on examina mes papiers, qui furent reconnus en règle, et l'on m'adressa au colonel comte de Nadaillac, lieutenant major de la compagnie de Noailles. C'est lui qui devait m'examiner, me toiser et prononcer définitivement mon admission. Il demeurait à Versailles, séjour ordinaire de la compagnie, quand elle n'était pas de service à Paris. Je prends place dans une des petites voitures qui faisaient le service de Versailles, et qu'on appelait des *coucous*. Ces voitures étaient en effet très petites; je fus obligé de me tenir plié en deux pendant plus de deux heures. J'arrivai tout courbaturé.

M. de Nadaillac avait été prévenu de ma visite par l'état-major général ; il avait reçu en ma faveur une recommandation pressante d'un ami de M. de Bermonville, aussi me fit-il un accueil très gracieux. Il me dit : « Votre réception est certaine si vous avez la taille. Mettez-vous sous la toise ». Ce que je fis immédiatement, mais sans grande précaution. — « Mais, mon cher ami, vous avez un demi-pouce de moins » ! — « Mon colonel, cela n'est pas possible. On ne rapetisse pas à mon âge : j'avais cinq pouces et demi l'an dernier » ! — « Vous n'avez que cinq pouces. J'en suis bien désolé pour vous, mais les ordres sont précis ; je ne peux pas m'en écarter, il faut très rigoureusement cinq pouces et demi ».

Le colonel faisait tous ses efforts pour me consoler, mais cela n'était pas facile : j'étais rayé des contrôles des gardes du corps de Monsieur, je ne pouvais plus y rentrer. On peut juger de ma profonde émotion ! J'allais partir désespéré, M. de Nadaillac me reconduisait jusqu'à la porte, quand je le priai de vouloir bien encore vérifier ma taille sous la toise. J'ôtai mes bottes une seconde fois, je déboutonnai mes bretelles. — « C'est singulier, me dit le colonel, vous avez cinq pouces et demi ! Mais, ne trichez-vous pas » ? — « Non, je vous le promets, mon colonel. Voyez, mes talons touchent bien, et le sommet de ma tête aussi ». — « Comment! mais vous montez maintenant à cinq pouces dix lignes! En voilà assez, car si cela continue, vous finirez par avoir six pieds. Vous êtes reçu, je vous en félicite. Vous avez bien fait de me demander une contre-vérification. Revenez à midi ».

J'avais été tellement gêné dans ce maudit *coucou* que j'avais, en me contractant, perdu près d'un pouce de ma taille. Pendant que M. de Nadaillac me prodiguait ses consolations, mes muscles avaient eu le temps de se détendre et j'avais repris ma taille ordinaire. Mais quel vilain moment je venais de passer! J'avais ressenti une telle impression, qu'il me fut impossible de déjeuner; elle disparut vite lorsque j'entrai en possession de mon bel équipement. Exact au rendez-vous, le colonel de Nadaillac me conduisit au magasin d'habillement. J'essaye un habit, un manteau, un casque, etc... on me donne des épaulettes, un sabre, des pistolets, un portemanteau. On m'amène un magnifique cheval tout sellé et tout bridé. J'ajuste les étriers, je monte à cheval tout habillé et tout armé. On me fait faire un tour de manège, et l'on me juge digne de partir tout de suite pour Paris, où la compagnie était de service. Les heures se suivent et ne se ressemblent pas ; je sortis de Versailles plus brillamment que je n'y étais entré. La route ne me parut pas longue, quoique je la fisse au pas, suivant l'ordre que j'avais reçu, et je fus installé le soir même à cet hôtel des gardes du corps du roi tant désiré. Dès le lendemain je fus commandé de service pour les Tuileries. Je trouvai bien douce une garde de vingt-quatre heures, au lieu d'une semaine que duraient celles des gardes de Monsieur. Le surlendemain je fis mon premier détachement auprès du roi. Nous avions nos chevaux attitrés, et nous faisions seulement les courses qu'ils pouvaient fournir, tandis que dans les gardes de Monsieur, nous suivions les princes jusqu'à destination, en prenant des chevaux de relais. Le service était donc beaucoup moins pénible, et j'étais parfaitement heureux. J'étais aux gardes du corps depuis deux mois seulement, quand arriva l'époque de la foire de Blois. J'étais bien désireux de reparaître dans mon pays, après un an d'absence, avec un beau grade et un bel uniforme ; je n'avais que dix-neuf ans, et j'étais fier de me montrer à la foule immense qui se réunit à ladite foire pendant onze jours. Je parlai de mon projet à deux de mes camarades qui avaient des parents à Blois ; nous obtînmes tous les trois une permission de quinze jours. C'était une grosse dépense pour moi, mais elle devait me procurer tant de bonheur que j'étais décidé à ne reculer devant aucune privation pour la rattraper. Je me jetai dans les bras de ma mère qui me couvrit de ses larmes : après une absence d'un an, je lui apportais mon épée et mon épaulette de lieutenant. Je visitai tous les membres de ma famille avec une joie indicible ; tous voulaient m'avoir et me fêter. Ces quinze jours de permission furent pour moi quinze jours de joie indicible. En rentrant à Paris, leur souvenir ne fit qu'augmenter le plaisir que me causait mon service auprès du roi.

J'avais trouvé dans la compagnie de Noailles un bon nombre de jeunes gens bien élevés qui aimaient la musique ; je me liai avec plusieurs d'entre eux, et nous eûmes l'occasion d'en faire souvent ensemble. Les gardes du corps se groupaient généralement par similitude de goûts et d'habitudes; tous cependant étaient bons camarades et rivalisaient de bravoure et de dévouement. Il y en avait quatre compagnies : Havré, Grammont, Noailles et Luxembourg. Les deux premières prenaient le service ensemble ; il en était de même pour les deux autres. Le service durait quatre mois à Paris, quatre à Versailles ou à Saint-Germain, après quoi on avait quatre mois de congé. C'était la vie la plus charmante pour un jeune homme ; aussi je rendais grâce à la Providence de m'avoir si bien traité.

Ma compagnie finit son service à Paris avec l'année 1817. Nous partîmes pour Versailles le 1er janvier 1818. Versailles était une garnison très appréciée. En janvier et en février, nous ne fûmes guère occupés le matin que par le travail du manège ; presque toutes nos après-midi étaient libres. Nous employions nos nombreux loisirs à faire de la musique d'ensemble, et quiconque aimait un peu la société était à même de passer des soirées fort agréables. Il y avait à Versailles un grand nombre de familles anglaises très riches ; elles accueillaient avec plaisir les officiers de la maison du roi. Cette occasion de fréquenter des Anglais me donna l'envie d'apprendre leur langue. Muni d'une grammaire, attrapant un mot par-ci et un autre par-là, les prononçant d'une façon barbare, j'égayais follement mes interlocuteurs britanniques ; mais j'obtenais un succès de fou rire bien plus grand encore lorsque je leur faisais la lecture à haute voix. Cela m'amusait autant qu'eux, et je m'exécutais de la meilleure grâce du monde.

Il suffisait d'être présenté dans une maison anglaise pour être invité par toutes les autres. Quelques-unes étaient fort agréables; j'ai conservé un souvenir particulièrement bon de lady Stanhope et de miss Clarke.

Le préfet, le maire et le receveur général donnaient des soirées presque toutes les semaines. Les maîtresses de maison me faisaient l'honneur de m'apprécier beaucoup, parce que j'étais un danseur infatigable, et que j'avais l'habitude charitable de faire danser les beautés délaissées.

J'aimais beaucoup la danse, mais je lui préférais bien l'équitation. Tous les matins, j'arrivais au manège avec le jour, et lorsque ma leçon était finie, je me présentais pour la seconde reprise, lorsqu'il y avait des chevaux disponibles. Mon ambition aurait été de devenir instructeur d'équitation, mais pour cela il fallait monter au manège du roi, qui était dirigé par MM. d'Abzac, vieillards octogénaires, les premiers écuyers du monde entier. Je désirais si ardemment les avoir pour maîtres que je finis par obtenir de monter à leur manège. Je me présentai devant eux muni d'une lettre de

M. le duc de Noailles. Ils m'examinèrent attentivement, et me trouvèrent parfaitement conformé pour faire un écuyer de premier ordre, mais ils exigèrent de mes chefs qu'on me laissât au manège pendant trois ans consécutifs, sans faire aucun service à la compagnie. Ceux-ci n'y voulurent point consentir; je fus donc obligé de renoncer à une carrière pour laquelle j'éprouvais tant d'attraits.

Cependant Louis XVIII, sur ces entrefaites, s'était mis entre les mains du duc Decazes, avait constitué un ministère libéral, et, sous prétexte de politique raffinée, ne cessait de donner des gages à la Révolution. Il sanctionna une ordonnance du ministre de la guerre, M. de Gouvion-Saint-Cyr, qui arrêta complètement l'avancement des officiers royalistes : nul ne pouvait désormais être officier sans passer par les écoles militaires, ou sans avoir été soldat pendant quatre ans; il fallait rester quatre ans dans chaque grade avant de pouvoir être proposé pour le grade supérieur; les trois quarts des grades étaient réservés à l'ancienneté, le quart seulement au choix du roi. Voilà pourquoi les royalistes demeurèrent tous dans les grades subalternes; la nouvelle ordonnance n'avait d'autre but que de favoriser les anciens officiers de l'Empire, qui monopolisaient les grades supérieurs. Aussi messieurs les révolutionnaires se sont-ils empressés ultérieurement d'abroger ladite ordonnance : ayant produit son effet sous la Restauration, elle les aurait gênés désormais dans leurs projets ambitieux. Sous Louis XVIII, enhardis par leurs succès, ils ne se contentèrent pas de nous barrer la route; ils voulurent nous détruire. La Chambre osa proposer au roi de licencier sa maison, qu'elle considérait sans doute comme trop fidèle, et, ne pouvant l'obtenir, elle eut l'infamie de lui refuser les fonds nécessaires au paiement de notre solde. Ils nous considérèrent comme de simples soldats sur les contrôles du ministère de la guerre; la différence fut portée au débit de la liste civile du roi. Voyant qu'ils ne pouvaient nous détruire d'un seul coup, les révolutionnaires, auxquels le ministre de la guerre était tout dévoué, trouvèrent un moyen perfide d'affaiblir l'esprit chevaleresque et le dévouement des gardes du corps, en ouvrant leurs rangs aux officiers de l'armée comptant quatre ans de service comme soldats ou sortant des écoles. C'était ainsi désormais qu'on devait nous recruter, au lieu de choisir parmi les jeunes gens bien élevés appartenant à des familles fidèles à la royauté. Ce fut un coup mortel porté à la maison du roi. Le dégoût s'empara des plus marquants d'entre nous, beaucoup démissionnèrent; ils furent remplacés de manière à diminuer considérablement l'esprit de corps qui régnait chez les gardes, et leur zèle pour le service du roi.

VI

Effet de la nouvelle loi sur le recrutement des gardes du corps. — Plaisirs mondains. — Les musiciens de la chapelle du roi. — Corny et moi nous donnons un grand concert dans notre chambre. — Brillant succès. — Assassinat du duc de Berry. — Attentats contre Madame. — Troubles à Paris.

Les premiers sous-officiers de l'armée reçus dans la compagnie de Noailles étaient d'anciens grenadiers à cheval de la garde impériale, de bien braves gens, sans doute, mais nullement à leur place parmi des jeunes gens bien élevés, appartenant pour la plupart à des familles très distinguées. C'étaient de vieilles culottes de peau, restés longtemps soldats, qui apportaient dans leur nouvelle situation des habitudes de cantine contrastant singulièrement avec nos réunions musicales. Plus tard ce contraste devint moins frappant, lorsque nos camarades les plus brillants eurent quitté le corps; il est juste d'ajouter que les nouveaux venus subirent plutôt l'influence de leurs anciens qu'ils n'en exercèrent sur eux; plusieurs se transformèrent d'une façon avantageuse.

Mme de Bermonville m'avait présenté à presque tous ses amis, et je recevais de nombreuses invitations quand j'étais de service à Paris. J'aimais beaucoup le monde; je me plaisais surtout chez mon aimable protectrice, où se réunissait une société aimable et gaie. C'était chez le baron de Coqueromont, père de Mme de Bermonville, que les réunions étaient les plus amusantes. Il possédait une maison de campagne à Montfermeil, à quatre lieues de Paris. Le frère de Mme de Bermonville, le baron Auguste de Coqueromont, m'avait pris en très grande amitié; c'était un Nemrod convaincu, nous faisions ensemble de splendides parties de chasse. Quoique privé des dons de la fortune, je vivais comme un grand seigneur.

Notre uniforme nous donnait entrée aux Tuileries en tout temps. Les dimanches et jours de fête, il y avait messe en musique au château, exécutée par les premiers artistes de Paris; être admis à y assister était considéré comme une bonne fortune par les étrangers de toutes les nations. On ne pouvait rien entendre de plus ravissant. Notre musique militaire se composait des solistes de l'Opéra : Dacosta, Guebauer, Rholde, David, Camus, les frères Bohère, et beaucoup d'autres dont j'ai oublié les noms. Ils arrivaient à dix heures du matin à l'hôtel des gardes du corps, endossaient un uniforme magnifique, et jouaient d'admirables morceaux pendant la revue de la garde montante. Ils faisaient aussi entendre de brillantes fanfares, tandis que nous nous rendions au château et que nous défilions la parade, à laquelle assistait souvent la famille royale. Les grands artistes dont j'ai parlé s'entretenaient familièrement avec nous; ils venaient fréquemment faire de la musique dans nos chambres. Je partageais la mienne, qui était fort grande, avec mon camarade de Corny, grand mélomane comme moi. Nous eûmes la pensée de les y réunir un soir et de donner un concert. Voici de quelle façon je m'étais trouvé en rapport avec un des plus célèbres d'entre eux :

Quelque temps auparavant, Mme Hyvert, grande amie de Mme de Bermonville, m'avait invité à dîner, en me priant d'apporter ma flûte. Après le dîner, on apprêta un pupitre, et l'on me dit de me préparer à jouer un duo avec un monsieur auquel on me présenta. J'avais pris des morceaux de Berbiguer, que je savais passablement. Par politesse, j'offris la première partie à l'inconnu, et je lui demandai s'il connaissait les morceaux et s'il était en état de les jouer. Il me répondit modestement qu'il ferait de son mieux, puis il me donna son *la* pour nous mettre d'accord. Cette note me sembla d'une telle pureté que je n'en avais jamais entendu de pareille.

Le duo était concertant, c'est-à-dire que les passages brillants se répétaient alternativement. Mon compagnon exécuta le premier de ces pas sages d'une façon si admirable que je ne me sentais plus le courage de le répéter après lui, et pourtant je croyais bien savoir ma partie. Pendant tout le morceau, je fus dans mes petits souliers. J'avais plus envie d'écouter mon monsieur que de l'accompagner. Aussitôt le duo fini, je courus demander à Mme Hyvert le nom du virtuose inconnu : « C'est Berbiguer », me dit-elle. A ce nom, je manquai tomber à la renverse. C'était le plus célèbre flûtiste qu'on eût connu jusqu'alors. Je me confondis en excuses, et je l'assurai bien que si j'avais su à qui j'avais affaire, je n'aurais pas eu la présomption de jouer un duo avec lui. Berbiguer fut d'une amabilité extrême; il dit qu'il me trouvait de très grandes dispositions. Sachant ma position de fortune, il eut le tact de ne pas me proposer de me donner des leçons, mais il me pria de venir faire de la musique chez lui, de si bonne grâce et avec de si vives instances que je dus accepter.

Ce fut après cette soirée que nous eûmes l'idée de donner un concert. J'en parlai à Berbiguer : comme il connaissait tous les artistes dont nous désirions le gracieux concours, il se chargea de le leur demander. Nous lançâmes nos invitations. M. de Bermonville voulut bien nous honorer de sa présence, avec M. de Coqueromont, son beau-frère ; M. Hyvert et beaucoup d'autres personnes répondirent à notre appel.

Ce fut un merveilleux concert, le plus beau qui eût été donné à Paris depuis bien des années. Dans notre modeste chambre, en effet, se trouvaient réunis les dix ou douze plus grands artistes de Paris, alors que, même chez les princes, on devait s'estimer heureux d'entendre un ou deux d'entre eux dans une même soirée. Ces messieurs eurent l'amabilité de nous proposer de revenir une autre fois, ce qu'ils firent quinze jours plus tard. Notre seconde réunion musicale eut encore plus de succès et fut encore plus brillante que la première.

Au début de l'année 1820, qui devait être si fertile en grands événements, j'obtins un congé de plusieurs mois, pour aller à Blois, dans ma famille. J'avais fait la connaissance du général

Préval, qui demeurait au château de Beauregard. J'assistai chez lui à une brillante soirée. Elle finit seulement au jour, et, au moment de nous séparer, nous reçûmes l'affreuse nouvelle de l'assassinat du duc de Berry. Le général partit immédiatement pour Paris et en revint le lendemain même. Il répétait sans cesse : « C'est un crime isolé, c'est un crime isolé ». Je ne comprenais pas pourquoi il insistait d'une façon aussi marquée sur le mot *isolé*.

Tout le monde était dans la consternation. Je m'attendais à chaque instant à recevoir l'ordre de rentrer au corps, mais on m'écrivit au contraire que la tranquillité publique n'était pas menacée, que les compagnies de service suffiraient pour l'assurer, et que nous pouvions rester dans nos foyers jusqu'à l'expiration de nos congés, dont nous étions seulement à la moitié. Néanmoins je ne voulus pas attendre la fin du mien, et je me rendis à Versailles pour être prêt à toute éventualité.

La mort du duc de Berry avait arrêté le roi dans la voie funeste où il s'était engagé; le ministère Decazes et Cie fut renversé. « Le pied lui avait glissé dans le sang », comme l'écrivit alors Chateaubriand. Effectivement, la Révolution avait bien choisi sa victime. Le duc de

Berry était un prince intelligent et énergique. Louvel était attaché à la maison d'Orléans, pourtant personne n'a osé paraître soupçonner la main qui l'avait soudoyé. La haine révolutionnaire ne fut point assouvie par la perpétration du crime, elle imagina les procédés les plus infâmes pour empêcher de venir à terme la grossesse de la duchesse de Berry : des pétards furent tirés sous ses fenêtres, des émeutiers payés pour mettre du trouble dans Paris. Rentré dans cette ville avec ma compagnie, je fus témoin des désordres provoqués par une ovation que les révolutionnaires voulaient faire au marquis de Chauvelin. Il s'était formé un rassemblement tumultueux devant la Chambre des députés; ce rassemblement fut dispersé à coups de canne par une partie de la maison du roi, et quelques officiers de la garde royale en civil. La leçon fut si rude, que les perturbateurs jurèrent d'assommer quiconque serait reconnu pour appartenir à la maison du roi ou à la garde royale. Aussi nous fut-il défendu de sortir isolément; nous devions sortir par groupes et en uniforme, afin de pouvoir nous servir de nos armes. Nous voyant sur nos gardes, personne n'osa nous chercher noise.

Cependant l'agitation allait croissant dans

Paris; la situation devenait inquiétante. Nous fûmes consignés à notre hôtel, la moitié de nous devant se tenir toujours prête à monter à cheval au premier signal. Un jour la foule se rassembla sur le quai d'Orsay, du Pont-Royal au Corps législatif. Elle grossissait d'heure en heure, principalement devant notre hôtel. Tous les gardes étaient aux fenêtres. Sur les midi, nous vîmes un officier d'état-major passer au galop; il se dirigeait vers la rue de Bellechasse où les dragons de la garde étaient casernés.

Les perturbateurs s'échauffaient visiblement; quelques cris de « vive la Charte » ! commençaient à se faire entendre. Nous nous désolions de ne pas recevoir l'ordre de balayer cette canaille, quand nous vîmes déboucher par la rue de Poitiers plusieurs trompettes sonnant la charge, suivis d'un escadron le sabre à la main, qui prit le galop au cri de « Vive le roi » ! Nous répétâmes ce cri avec transport, en y ajoutant celui de « Vivent les dragons » ! Les dragons nous répondirent par de bruyants « Vivent les gardes du corps » ! En un instant la foule disparut, comme la poussière sous le souffle de la tempête.

Vers le soir, de nouveaux attroupements se formèrent, mais le maréchal Oudinot, à la tête de tout le régiment de dragons, les chargea l'épée en main et les dispersa en un clin d'œil.

Le jour suivant il y eut un grand déploiement de forces dans Paris. Le maréchal fit marcher plusieurs batteries; les pièces étaient suivies de leurs caissons, les servants portaient leurs mèches allumées. La cavalerie et l'infanterie manœuvraient sans relâche, elles ne laissèrent se former aucun rassemblement. Cet état de choses dura plusieurs jours; quant à nous, par surcroît de prudence, on nous tint consignés pendant plusieurs semaines.

II

Comment les gardes du corps occupaient le temps de leur consigne. — Attentat contre le roi. — Aveuglement des honnêtes gens. — Naissance du duc de Bordeaux. — Froideur des officiers de la garnison de Blois. — Loyalisme du duc de Bellune. — Une grande fête à Mesnard. — Galas et réjouissances. — Je pars en congé chez mon ami de Corny.

Il était assez difficile de tenir indéfiniment parqués, dans un étroit espace, plus de trois cents jeunes gens de vingt à vingt-cinq ans. Tant que l'apparence du danger subsista, nous fûmes sérieusement occupés de notre affaire, mais le calme rétabli, un internement si prolongé pouvait avoir des inconvénients. Heureusement nous trouvâmes d'agréables moyens d'occuper nos loisirs. Tous les matins, sous la voûte du grand portail, une affiche indiquait les délassements de la journée, ou plutôt de la soirée, car, pendant le jour, le service à cheval pour la promenade du roi employait un grand nombre de cavaliers, et on attendait leur retour pour commencer la fête. Les déguisements les plus comiques, les chansons les plus drôles, provoquaient une hilarité générale; une troupe de Gascons désopilants, de la musique et des danses, achevaient de nous faire passer de charmantes soirées. Nous sortions d'une de ces joyeuses réunions, quand, un soir, nous apprîmes la mort du fameux marquis de Chauvelin. Ce fut comme une étincelle électrique qui communiqua la même pensée à tous les gardes : en un clin d'œil toutes les fenêtres de l'hôtel furent illuminées. Les officiers avaient beau souffler nos lumières, on les rallumait d'un côté pendant qu'ils les éteignaient de l'autre. La discipline était difficile à maintenir dans les circonstances actuelles; on ne pouvait nous punir puisque nous étions consignés à perpétuité, et nous savions que nos chefs nous approuvaient dans le fond de leurs cœurs. Ils prirent donc le parti de nous laisser tranquilles, et bientôt tout rentra dans l'ordre.

On finit par nous rendre notre liberté. Il y avait déjà quelque temps que nous avions repris notre vie ordinaire, quand, un jour, étant de service aux Tuileries, à la salle du roi, j'entendis une explosion semblable à un coup de mine. C'était un petit baril de poudre qui venait de sauter : un ramoneur l'avait placé entre le mur d'un corridor noir où aboutissait un escalier, et un grand panier à bois servant à chauffer le cabinet du roi. Nous nous précipitâmes auprès de Sa Majesté. Elle nous dit, avec une sérénité remarquable : « Allez prévenir ma nièce que je n'ai aucun mal ».

Effectivement le roi n'était pas blessé, une violente commotion avait seulement ébranlé son fauteuil. Le panier de bois, très grand et tout rempli, avait été lancé contre la porte de la galerie de Diane et l'avait brisée, ainsi que toutes les glaces du salon bleu. J'ai vu le théâtre du désastre immédiatement après l'explosion, c'était un spectacle impressionnant. Si le panier n'avait pas été mobile, si les gaz de la poudre avaient trouvé quelque résistance, une partie du château aurait été ébranlée et le roi eût été atteint dans son cabinet. La Révolution ne se lassait pas de tramer la ruine des Bourbons, mais les honnêtes gens continuaient à fermer les yeux pour ne rien voir.

Une période de calme suivit cet attentat ; la tranquillité parut si bien rétablie, qu'au mois de septembre, on crut devoir nous accorder des congés. J'en profitai avec bonheur ; c'était toujours une joie pour moi de revoir mon pays natal. Je jouissais de la vie de famille depuis quelques semaines, quand le canon de la ville nous annonça la naissance du duc de Bordeaux. Je me rendis tout de suite sur la promenade, où se réunissaient les officiers de la garnison et où j'espérais avoir l'occasion de laisser déborder la joie dont j'étais enivré. Je rencontrai seulement quelques vieux croûtons, incapables de comprendre mon enthousiasme. J'avais absolument besoin de me répandre. Je montai à cheval et je courus au château de Mesnard, où je savais devoir trouver le maréchal Victor, duc de Bellune, qui, lui, serait à la hauteur des circonstances. Je le trouvai dans son cabinet, dessinant une fleur à la mine de plomb. Il me fit le plus gracieux accueil, me retint à dîner et me dédommagea amplement de la froideur des officiers de Blois. Le maréchal me dit qu'à l'occasion de la naissance de notre bien-aimé prince, il voulait donner une belle fête et qu'il comptait sur moi. Je le quittai, ravi, très désireux de contribuer, si possible, à l'éclat de ladite fête. Dès le lendemain, en conséquence, j'allai trouver l'inspecteur des forêts, avec lequel j'étais très lié, et je le priai de mettre à ma disposition plusieurs gardes, bons chasseurs, pour tuer pour le maréchal quelques belles pièces de gibier. Nous fûmes assez heureux pour abattre un magnifique brocart et un faon. Très fier, j'allai porter triomphalement mon gibier au maréchal, la veille de la fête. Il m'embrassa cordialement, et me félicita de ma victoire, avec d'autant plus de chaleur que depuis huit jours, me dit-il, on chassait vainement dans son parc sans trouver aucune belle pièce.

Pour avoir une idée de la fête en question, il faut se rappeler que Mesnard a été bâti par Louis XV pour Mme de Pompadour, et que rien ne peut égaler la magnificence de ce lieu enchanteur. Les illuminations commençaient au grand portail d'entrée. On dansait au milieu des fleurs. A minuit, un repas servi dans l'orangerie offrit aux regards des convives une table au milieu de laquelle paraissaient, de distance en distance, les têtes des plus beaux orangers, et entourée d'un service splendide. Elle était de *plus de trois cents couverts*. Mes chevreuils étaient servis entiers. Le brocart avait un beau collier blanc autour du cou et une pomme d'api entre les dents. Tout le monde l'admirait (et moi aussi), mais j'étais loin de m'attendre à l'honneur qui m'était réservé. Quand le moment de servir le gibier arriva, le maréchal me dit : « Allons, monsieur le grand chasseur, je vous nomme mon écuyer tranchant; venez découper le chevreuil, et faites hommage de votre chasse aux dames ». — En ce temps-là, les maîtres d'hôtel ne découpaient pas les viandes. — On peut juger de l'impression que produisirent ces paroles et cette distinction flatteuses sur un jeune homme de vingt-deux ans !

La naissance du duc de Bordeaux était regardée, en général, comme l'événement le plus heureux pour la France. C'était à qui manifesterait le mieux sa joie, et jamais on ne vit une pareille succession de fêtes ; on se serait cru revenu aux jours du premier retour de nos princes. Aussi, quand il s'agit d'offrir au nouveau-né le domaine de Chambord (que la bande noire convoitait), ce fut un mouvement spontané et unanime de la part des royalistes français. Les révolutionnaires ne tentèrent pas de s'y opposer. Quant aux orléanistes, toujours dissimulés, ils cherchaient plus que tous les autres à se faire remarquer par la splendeur de leurs fêtes, et les apparences d'un dévouement sans égal. Le général Préval et le comte de la Forêt donnèrent à cette occasion les plus beaux bals qu'on ait jamais vus dans le département.

Le premier reçut ses invités dans une galerie de son magnifique château de Beauregard, où se trouvaient les portraits des rois et des hommes célèbres de France, depuis le début de la monarchie. Il y avait fait préparer une table pour deux cents dames ; le service fut d'une magnificence incomparable. Tout était si bien ordonné que le général, l'épée au côté et le chapeau sous le bras, ne donnait aucun signe de préoccupation ; il ne levait même pas les yeux sur les domestiques. Le service fut parfait jusque dans les plus petits détails. Quand les dames eurent fini, un second souper fut servi pour les hommes, comme par enchantement et avec la même perfection.

Le comte de la Forêt demeurant loin de Blois, il donna son bal dans la salle de spectacle, à peine assez vaste pour contenir les invités. Rien n'avait été épargné pour rendre cette fête splendide. Comme le général Préval, on l'aurait cru tout dévoué aux princes légitimes : la suite fit voir combien ces deux officiers avaient trompé l'opinion publique. Je compris alors pourquoi le général Préval, après la mort du duc de Berry, répétait avec tant d'insistance : « C'est un crime isolé » !

Mon congé s'écoula vite au milieu de toutes ces réjouissances. Je repris mon service à Paris le 1er janvier 1821. Là j'appris la conduite infâme du duc d'Orléans, qui, non content d'avoir fait assassiner le duc de Berry (1), avait osé protester contre l'authenticité de la naissance du duc de Bordeaux, qui avait échappé à toutes les machinations infernales dirigées contre lui par le digne rejeton d'Égalité. Pourtant le maréchal Soult, que le duc d'Orléans, son ami, avait fait désigner comme témoin, était arrivé à temps pour constater la vérité ; sa déclaration authentique est jointe à celles des grands personnages présents à l'événement. Mais le prince perfide, avec une honteuse mauvaise foi, n'en persista pas moins dans sa protestation, espérant en tirer parti plus tard.

Lorsque vint le triste anniversaire du 13 février, je fis partie du détachement de service à Saint-Denis pour la cérémonie funèbre. Leurs Altesses Royales le comte d'Artois et le duc d'Angoulême y assistaient. J'étais de faction dans le chœur, au-dessous de la porte d'entrée

(1) Publiant sans *truquage* les mémoires de M. La Roche, nous lui laissons la responsabilité de ses expressions et de ses appréciations. Disons, néanmoins, qu'on n'a jamais pu trouver de preuves *certaines* permettant de soutenir les accusations qu'il porte, après bien d'autres de ses contemporains d'ailleurs. Nous n'irons pas, toutefois, jusqu'à croire que Louis-Philippe ait éprouvé un violent désespoir de la mort du duc de Berry, ni une grande rancune contre Louvel.

des caveaux. Toute la basilique était tendue de noir, y compris les voûtes, et n'était éclairée que par des cierges entourant le catafalque. Lorsque les princes, en se rendant au chœur, passèrent devant la porte en question, ils s'y arrêtèrent un moment et firent un salut si prosterné, si noble, si gracieux et si digne en même temps, que j'en fus profondément touché.

Soudain, un coup de tam-tam retentit et deux cents musiciens, dissimulés derrière une tenture à l'extrémité du chœur, entonnèrent des chants lugubres de l'effet le plus saisissant. Pendant la cérémonie, qui fut très longue, j'étais placé auprès des princes. Le comte d'Artois paraissait profondément affligé, le duc d'Angoulême également. Leur douleur faisait peine à voir.

De retour à Paris, je pus confier mes émotions à mon ami de Corny, mon compagnon de chambre, dont le cœur battait à l'unisson du mien. Vivant de la même vie depuis plusieurs années, notre amitié avait atteint le plus haut degré; nous ne pouvions plus nous passer l'un de l'autre. Nous étions toujours de service ensemble, et si, par aventure, l'un des deux allait seul dans le monde, celui qui restait au logis savait toujours à quelle heure rentrerait son camarade. Nous avions les mêmes goûts, nous aimions la musique et la littérature, et nous y consacrions nos loisirs.

Cependant notre service devait se terminer à la fin d'avril, et nous pouvions facilement obtenir un congé d'un mois. Corny me proposa de m'emmener chez lui, dans la vallée de Gaillon, en Normandie, ce que j'acceptai avec délice, puisque c'était une occasion de ne pas nous quitter. Nous partîmes de Versailles pour Saint-Germain, le 1er mai. Là nous nous embarquâmes dans un bateau remorqué par des chevaux (on ne connaissait pas encore la vapeur à cette époque), et nous finîmes par arriver sans encombre à destination, heureux comme deux amis que leurs plaisirs mêmes n'obligent pas à se séparer.

VIII

La famille de Corny. — Attaque nocturne simulée. — Je me montre plus grand dormeur que vigilant. — Nouvelle alerte. — Amour sans espoir. — Je pars le cœur brisé. — Les missionnaires et l'abbé Guyon à Versailles. — Ma conversion. — Cérémonie imposante.

Le père de mon ami de Corny était un ancien capitaine de cavalerie qui avait émigré, et qui avait épousé à son retour Mlle Louis, fille de l'architecte du Palais-Royal. Celle-ci lui avait apporté en dot le château de Gaillon.

Nous fûmes reçus à bras ouverts; je ne tardai pas à être traité comme quelqu'un de la famille. Je me faisais une véritable fête de passer le mois de mai dans une si charmante propriété ; malheureusement le temps devint si mauvais qu'il nous fut impossible de risquer la moindre promenade. Nous étions confinés au logis, réduits aux seuls plaisirs de la vie familiale. M. de Corny, le père, était toujours à Rouen, où il faisait bâtir. Mlle de Corny, excellente musicienne, restait avec moi au piano la plus grande partie de la journée. Elle était âgée de seize ans.

L'usage était, à Gaillon, de laisser les domestiques aller au bourg dans leurs familles, le samedi soir; ils y couchaient et ne reprenaient leur service que le lendemain après la messe. Le château étant très isolé, ces dames, en pareille occasion, n'étaient pas sans inquiétudes. Elles me l'avouèrent un soir. En galant chevalier, je m'efforçai de les tranquilliser. Leurs sonnettes donnaient à l'extrémité du corridor où je couchais; il fut convenu qu'elles les agiteraient en cas d'alerte, et que, pour mieux assurer le service de la défense, nous simulerions quelque jour une attaque. Nous nous séparâmes comme d'habitude; je me retirai dans ma chambre, située au-dessus de celle de Mme de Corny. Mon camarade et sa sœur étaient restés secrètement chez leur mère, attendant que je fusse couché pour commencer le tapage.

Ce soir-là j'étais très préoccupé; je commençais déjà à ressentir les atteintes d'un sentiment qui devait avoir pour moi de sérieuses conséquences. N'ayant aucune envie de dormir, je me mis à marcher de long en large dans ma chambre, pour gagner du sommeil en me fatigant. Au bout d'une heure de cet exercice, je me couchai et je tombai tout de suite endormi. Mes hôtes commençaient à trouver ma promenade un peu longue; la patience allait leur manquer lorsque le silence se rétablit chez moi. Quelques minutes après éclatait un bacchanal épouvantable. Des cris perçants retentissaient, les portes battaient, les sonnettes s'agitaient désespérément. Pour mettre le comble au vacarme, Corny tira un coup de pistolet au bas de l'escalier. J'étais si accablé en me mettant au lit que j'entendis seulement les derniers coups de sonnette. A moitié endormi, j'écoutai un instant, mais comme le bruit cessa, je me figurai avoir été le jouet d'un rêve, et je repris paisiblement mon somme.

Le lendemain matin, personne ne me parla de rien; seulement, pendant le déjeuner, le coup de sonnette me revint à la mémoire, et je demandai bien naïvement si c'était un effet de mon imagination. Alors un fou rire général éclata, et l'on m'expliqua tout ce qui s'était passé, en me disant que j'avais le sommeil un peu trop dur pour qu'on pût s'en rapporter complètement à ma vigilance. Le samedi suivant, pour réparer mes torts, je promis à ces dames de faire une ronde sévère avant de me coucher. Je commençai par la cuisine; elle était complètement vide, les gens étant au bourg. Malheureusement, en fermant la porte, la commotion, paraît-il, fit ouvrir la fenêtre mal fermée de Mme de Corny. Onze heures venaient de sonner, la nuit était très obscure. Mme de Corny eut peur et se mit à sonner frénétiquement. Je courus à sa porte, qui était fermée; je ne pus l'ouvrir. La femme de chambre en avait, comme tous les soirs, emporté la clef avec elle. Cette fille ne s'absentait pas comme les autres domestiques. J'escaladai un petit escalier conduisant à sa chambre, pour lui dire de courir ouvrir à sa maîtresse. Elle croyait ces dames encore debout et venait de les quitter très gaies. La sonnette s'agitait toujours. Corny et moi nous trouvâmes la mère et la fille en proie à la plus vive terreur : elles avaient vu un homme passer devant la fenêtre, elles avaient entendu courir dans les escaliers, elles ne doutaient pas que la maison ne fût envahie par des brigands. Nous passâmes une bonne partie de la nuit à les calmer. Le lendemain, nous rîmes beaucoup de cette mésaventure.

Le temps continuait toujours d'être affreux; je n'ai jamais vu un si vilain mois de mai. Les jeunes pousses des arbres étaient toutes gelées;

impossible de trouver le moindre bouton de rose. Chose plus grave, la sympathie que j'éprouvais pour la sœur de l'ami que j'aimais le plus au monde s'était changée en un sentiment d'une violence extrême, sentiment douloureux entre tous, car je savais mon amour sans espoir. Nous allions à la grand'messe tous les dimanches; j'avais le cœur si agité qu'il me sembla éprouver quelque soulagement lorsque j'étais à l'église. Pourtant, à cette époque, je ne savais plus prier! Un jour, pendant toute la durée de l'office, j'étais resté à genoux, la tête entre les deux mains, plongé dans une méditation qui, en réalité, n'avait rien à voir avec la piété. Mme de Corny me dit en sortant: « Mais vous croyez donc en Dieu »? Incapable de feindre, je lui avouai ma passion, dont elle se doutait bien un peu. Je trouvai auprès d'elle une grande indulgence; si elle eût été seule, elle m'eût certainement accordé ce que je désirais, mais son mari n'eût jamais voulu y consentir.

Il me fallut donc rejoindre notre garnison, emportant au cœur une blessure qui faisait pour moi de la vie un fardeau insupportable, mais qui devait me conduire au salut. Arrivé à Versailles, le 1er juin 1821, je n'avais plus de goût pour rien; les exercices à pied et à cheval, que j'aimais tant auparavant, m'étaient insupportables. Le bon Corny se mettait inutilement en quatre pour me distraire, rien ne pouvait apporter de soulagement à mon désespoir. La vue d'un pauvre m'inspirait maintenant plus de pitié que jadis, je lui donnais parce qu'il souffrait lui aussi, mais la charité chrétienne n'avait rien à voir là dedans; cette vertu m'était étrangère. Mon mal s'aggravait avec le temps. Je me jetais parfois sur mon lit, et j'étendais mes membres fatigués en disant : « Tiens, malheur, je m'abandonne à toi! Torture-moi donc à ta guise ». Je regardais mes pistolets avec amour, je voyais en eux le seul moyen de mettre un terme à ma souffrance.

Cependant le mois d'août était venu; une mission, présidée par M. l'abbé Guyon, se donnait pour la garnison de Versailles et attirait un grand nombre de militaires. Au cours d'une visite chez Mmes de Boucherolles, qui demeuraient au château, elles me demandèrent si j'avais entendu l'éloquent missionnaire dont tout le monde était charmé. Je leur répondis que ce genre de choses ne me touchait nullement et que j'y étais complètement étranger. Ces dames insistèrent beaucoup pour que j'allasse entendre le prédicateur en question : j'en serais enchanté, prétendaient-elles, comme amateur de belle éloquence. Par condescendance, je promis de me rendre à leur désir, sans y attacher d'ailleurs aucune importance. En les quittant, je passai devant l'église Saint-Louis : j'y entrai pour tenir ma promesse, et pour me débarrasser tout de suite d'une ennuyeuse obligation. Pour la première fois de ma vie, j'entendis des militaires chanter des cantiques ; j'en fus, je l'avoue, singulièrement surpris et je les considérai comme de fieffés imbéciles. Par bonheur les chants ne furent pas longs, et le prédicateur commença son discours. J'avais grand' honte de me trouver en uniforme dans une église ; je me cachais de mon mieux derrière un pilier.

L'abbé Guyon avait pris pour texte : *Venite ad me omnes qui laboratis et onerati estis, et ego reficiam vos*. Au bout d'un quart d'heure j'avais quitté mon pilier, et j'avais osé prendre une chaise. J'entendis le sermon jusqu'au bout, et je me promis bien de revenir le lendemain. Cette première séance avait apporté une profonde perturbation dans mes idées, il me semblait éprouver une sorte de soulagement voisin de l'espérance. J'attendis presque avec impatience la seconde conférence. Je m'y rendis très exactement. Cette fois encore je restai dans le bas de l'église, mais je pris tout de suite une chaise. M. l'abbé Guyon nous parla, ce jour-là, du bonheur et de l'honneur qu'il y avait à servir Dieu, le roi des rois. Le sujet fut traité avec tant d'éloquence, s'adressant à de vaillants et fidèles serviteurs d'un roi de ce monde, que désormais je cherchai à m'approcher le plus près possible de la chaire. Je commençai à trouver les cantiques moins ridicules, et je ne tardai pas à les chanter moi-même !

J'avais demandé à Corny de m'accompagner à Saint-Louis. Un jour, à déjeuner, nous nous regardions sans parler, n'osant pas rompre le silence, car nous sentions que nous avions la même pensée. Enfin Corny me demanda *ce que je comptais faire.* « Je me suis rendu, lui répondis-je, mais je ne mettrai mes affaires en règle qu'à Paris, car je n'aime pas m'exhiber en public ». Il me tendit la main en disant : « Et moi aussi, j'avais la même pensée. Voilà qui est bien arrêté, ce sera pour mon retour ».

Il faut dire que, peu de temps auparavant, ayant dû passer quelques heures à Paris, j'étais monté, vis-à-vis l'hôtel des gardes, dans une petite voiture qu'on appelait l'*Espérance.* J'y trouvai un bon ecclésiastique qui, me reconnaissant comme faisant partie de la maison du roi, me frappa sur le genou en me disant : « Mon jeune ami, que pensez-vous de votre missionnaire » ? Je lui répondis que j'en étais enchanté. — « Eh bien! reprit-il, il faut venir me trouver. Je suis le confesseur des pages et des filles de Paris qui se convertissent. Vous ne m'apprendrez rien de nouveau ». J'objectai que je n'étais pas encore décidé, qu'une fois lancé je ne voudrais pas reculer, et que, pour le présent, je n'étais pas assez sûr de moi. L'abbé me demanda l'heure de mon retour; il retint sa place en même temps que la mienne, et nous revînmes ensemble de Paris à Versailles. Il fut très bon, très aimable; il me fit promettre de l'aller voir.

Mon entretien avec Corny eut lieu quelques jours après cet incident. Le soir même je retournai à la mission. L'abbé Guyon prêcha sur le respect humain, de telle manière que nous eussions rougi désormais de dissimuler notre foi. Je rentrai à l'hôtel, bien décidé à sauter le pas. J'en parlai à Corny; il n'avait pas, malheureusement, assisté à ce sermon, et il persista à différer sa conversion.

Je courus trouver l'excellent prêtre de la voiture, et je me confessai pour la première fois depuis ma première communion, c'est-à-dire depuis dix ans! Je me sentais si heureux, si léger en sortant de chez mon abbé, qu'ayant rencontré le comte de Champagné, un de mes officiers supérieurs, qui venait lui aussi pour se confesser, je lui sautai au cou avec tant de vivacité que je faillis le renverser et lui passer par-dessus la tête.

Le lendemain était le jour de la communion générale. Tous les militaires de la garnison devant y prendre part avaient rendez-vous, en grande tenue, sur la place d'armes. La maison du roi ne s'y montrait pas aussi nombreuse qu'on aurait pu le désirer, mais le 2e régiment des grenadiers à cheval de la garde y était presque au complet, son colonel en tête. Chaque corps était accompagné de sa musique, nous remplissions toute la rue de l'Orangerie. J'étais si ému, si plein de foi, que j'aurais aimé voir une batterie chargée à mitraille tirer sur nous, persuadés que nous serions tous entrés en paradis comme un seul homme.

L'intérieur de l'église avait été orné avec un goût exquis par les soins de M. l'abbé Bac; on ne voyait que trophées d'armes de toute espèce, surmontés de drapeaux blancs et de bannières chevaleresques; la nef suffisait à peine pour contenir les communiants. Plusieurs sapeurs, dont la barbe tombait jusqu'au bas de la poitrine, reçurent le baptême avec la communion. Lorsque le moment fut venu d'approcher de la sainte table, il y eut un instant d'une solennité indicible. Le père Guyon nous dit : « Vaillants guerriers, généreux militaires, aucun ennemi, si redoutable qu'il fût, ne pourrait parvenir à vous faire mettre bas les armes. La voix d'un pauvre prêtre va produire ce miracle : vous allez vous présenter désarmés devant le Dieu des batailles, qui viendra demeurer dans vos cœurs, les façonner à son image et les rendre invincibles ».

Aussitôt chacun s'empressa de décrocher son ceinturon, et de déposer son sabre ou son épée sur sa chaise, puis l'on s'agenouilla pour recevoir Jésus-Christ et commencer une vie nouvelle.

IX

La discorde chez les gardes. — Corny et moi nous nous séparons. — La charité à Paris. — Mathieu de Montmorency. — La *Petite Eglise*. — Je suis traité de *grand dindon*. — Bienveillance de la famille d'Avaray. — Guerre d'Espagne. — Mon escadron reste à Paris. — Nouvel accès de désespoir.

Ma conversion me rendit la paix du cœur, et calma le désespoir infernal auquel j'étais en proie depuis mon voyage en Normandie. Nous étions trente gardes du corps de la compagnie de Noailles ayant suivi la mission; nous nous liâmes entre nous d'une étroite amitié, et nous nous unîmes pour soutenir le choc des railleries et des manifestations hostiles de nos camarades libres penseurs, que notre retour à la religion avait exaspérés (1). Le départ de la compagnie pour Paris vint heureusement détendre un peu une situation pleine de périls pour le bon ordre

(1) Cette mentalité est étrange chez des gens dont les familles avaient eu tant à souffrir de la Révolution, fille de l'impiété des philosophes du dix-huitième siècle.

de la maison du roi. Nous ne nous voyions plus en dehors du service, et les mauvaises intentions de nos antagonistes trouvaient plus difficilement l'occasion de se manifester. Au bout de peu de temps, d'ailleurs, notre complaisance et nos bons procédés envers ceux-ci, tels que remplacements de garde au château ou à la promenade du roi, soins dévoués auprès des malades à la chambre, corvées de toutes sortes faites à leur place, nous eurent conquis leur estime et leur déférence. Notre bonne camaraderie désarmait les plus hostiles, et nous les vîmes même souvent prendre chaudement notre défense, quand on parlait mal de nous devant eux. C'est ainsi que je pus un jour, étant de garde à la salle des maréchaux, déclarer devant quarante gardes du corps, sans provoquer d'orage, que pour rien au monde, désormais, je ne me battrais en duel; que j'étais résolu pour ma part à ne jamais rien dire d'offensant ni de désagréable à mes camarades, et que, si quelqu'un d'eux me provoquait sans motif, je lui pardonnais à l'avance; que personne, d'ailleurs, ne pourrait être assez lâche pour abuser d'une telle déclaration. Tout le monde approuva mes paroles ; je n'eus jamais qu'à me féliciter de mes relations dans la compagnie de Noailles.

Cependant, Corny avait eu le grand tort de laisser passer le moment de la grâce; ses bonnes dispositions n'eurent pas de suite. Il avait repris ses anciennes habitudes, et il ne pouvait plus me faire ses confidences comme par le passé. Il ne portait aucun intérêt à mes occupations, notre intérieur n'était plus le même. Nous dûmes nous séparer. Il me dit un jour qu'il avait choisi un autre camarade de chambre et qu'il m'engageait à en faire autant, qu'il me conserverait toujours sa vive amitié, mais que nous serions plus à notre aise en nous éloignant l'un de l'autre.

Je pris pour compagnon l'excellent Martel, avec lequel je restai jusqu'à mon entrée dans la gendarmerie. Martel était un saint et avait un cœur d'or. Il devint pour moi non seulement un ami, mais un guide. Tous deux nous avions conservé des relations assez fréquentes avec l'abbé Guyon, et avec ses deux collaborateurs de la mission, MM. Levavasseur et de Scorbin. Ces bons ecclésiastiques nous mirent en rapports avec le père Roussin; celui-ci nous adopta pour enfants. J'entrai dans la congrégation de la Sainte Vierge, le 8 décembre 1821.

Quelque temps auparavant, Martel et moi nous avions été reçus à la Société des bonnes œuvres, œuvres comprenant les prisons, les hôpitaux et les petits Savoyards (1). Les hommes les plus éminents de Paris en faisaient partie. C'est là que je connus le duc Mathieu de Montmorency, le comte Alexis de Noailles, le vicomte Levavasseur, M. de Ravignan, Charles d'Aulnois et un grand nombre d'autres. Levavasseur présidait la section des hôpitaux et visitait celui de la Charité, auquel étaient attachés les personnages que je viens de nommer, ainsi que Martel et moi. Cet immense hôpital abritait deux mille malades, journellement visités par quelqu'un des nôtres. Chaque membre de la Société avait sa salle et son jour de la semaine désigné; sa visite se terminait toujours par quelques mots d'encouragement, qui, dans la bouche de certains confrères, étaient de véritables chefs-d'œuvre d'éloquence française et religieuse. Ainsi, quand M. Levavasseur ou M. de Ravignan prenaient la parole, nous quittions tous nos salles respectives pour venir les entendre. D'ordinaire on nous remettait, en entrant, la liste des malades en danger de mort : ceux-ci étaient, naturellement, l'objet de nos soins les plus assidus. Quelquefois nous éprouvions des difficultés à les

(1) Œuvre fondée par l'abbé de Pontbriand,

ramener à Dieu : alors nous contions notre anxiété à nos confrères, et tous unissaient leurs efforts aux nôtres pour sauver la pauvre âme en péril.

Un certain jour, nos tentatives auprès d'un moribond étaient demeurées sans succès ; il y résistait d'une façon désespérante. M. de Montmorency arrive et nous trouve profondément découragés de notre échec. Le bon duc s'approche du malade avec sa douceur angélique ; comme nous il est brutalement repoussé. Et cependant le moment fatal approche. M. de Montmorency se jette à genoux, et, levant les bras au ciel, il s'écrie d'une voix inspirée : « Mon Dieu, ne permettez pas qu'une âme pour laquelle vous êtes mort sur la croix descende de sang-froid en enfer » ! Ces paroles frappèrent tellement le moribond qu'il tendit la main au duc, en disant : « Il n'y a pas moyen de vous résister ! Faites venir un prêtre ». L'aumônier était là. Il confesse le misérable, lui donne la communion et lui administre l'extrême-onction. Il achevait à peine le dernier signe de croix, que l'âme du pécheur repentant paraissait devant Dieu.

Le duc Mathieu de Montmorency est mort à Saint-Thomas-d'Aquin, le Vendredi Saint, à trois heures de l'après-midi, à genoux sur son prie-Dieu, en face du reposoir où était le Saint-Sacrement. Je garde dans mes papiers une lettre de lui qui m'est bien précieuse!

Lorsque mes yeux s'étaient ouverts à la lumière de la foi, ma pensée s'était portée tout de suite vers notre pauvre mère. Son dévouement à la bonne cause l'avait fait entrer aveuglément dans la *Petite Église*; j'attendais avec impatience la fin de mon service à Paris pour demander un congé, et courir à Blois la faire rentrer dans le giron de l'Église catholique. J'avais causé de mon projet avec mon ami Charles d'Aulnois ; le bon abbé Blancard de Bailleul devait, pendant mon séjour dans cette ville, entretenir avec moi une correspondance qui m'aiderait à pulvériser les arguments favoris des partisans du schisme.

Je quittai Paris le 1er janvier 1822. Ma mère me reçut avec une joie indicible : elle était si heureuse de voir lui revenir bon chrétien ce fils dont l'incrédulité lui avait fait verser secrètement tant de larmes! Je profitai de l'émotion du retour pour entamer tout de suite la question principale. Étant bien décidé, lui dis-je, à m'occuper sérieusement de mon salut, je ne voulais pas être séparé d'elle dans l'autre monde; aussi je comptais bien la ramener dans la bonne voie, comme on m'y avait ramené moi-même.

J'écoutai patiemment ses objections, et je consentis même à l'accompagner chez le prêtre égaré qui l'endoctrinait et la retenait dans l'erreur. J'eus avec ce triste personnage une très longue discussion. Je réfutai sans peine ses pitoyables arguments, mais, malgré la défaite de mon adversaire, malgré les nombreuses lettres de l'abbé Blancard, que je communiquai à ma mère, celle-ci résistait à la grâce avec une désolante obstination.

Un jour enfin, après nous être entretenus du bonheur de s'aimer et d'être réunis, je lui dis tendrement : « Mère chérie, puisque nous sommes si heureux ensemble, ne voulez-vous donc pas continuer ce bonheur jusque dans l'éternité? Car nous ne pouvons arriver ensemble au même but, si nous suivons deux chemins différents ». Ma mère me regarda un instant, puis, fondant en larmes, elle m'attira dans ses bras et me pressa passionnément sur son cœur. D'un seul bond elle avait franchi l'espace qui nous séparait l'un de l'autre, tous deux nous avions désormais la même foi, le même espoir! Quel superbe triomphe pour moi! J'arrachais ma mère bien-aimée au danger qui menaçait son âme! Elle, si pieuse et si bonne, ne se laisserait plus entraîner vers l'abîme par un malheureux prêtre au cerveau fêlé. Il s'agissait maintenant de la réconcilier avec son curé, de la ramener à la paroisse qu'elle ne fréquentait plus depuis longtemps. Nous nous rendîmes tous deux chez notre digne pasteur. Il nous reçut avec une grande joie. Il fut très gracieux pour ma mère qui redoutait beaucoup cette première démarche : « Votre fils est quitte envers vous, lui dit-il, car si vous lui avez donné la vie corporelle, il vous a rendu la vie spirituelle ».

Nous assistâmes à la grand'messe le dimanche suivant. Notre entrée à l'église fit quelque sensation, mais on trouva tout naturel que, m'étant converti, j'eusse ramené ma mère dans la bonne voie, et personne ne s'occupa plus de nous.

Si les bons chrétiens m'approuvèrent, il n'en fut pas de même dans le clan des libres penseurs. Je dînais un jour chez mon ami Naudin, dont la femme, pratiquante avant de l'épouser, avait perdu la foi sous l'influence de son mari voltairien. Elle avait appris que j'avais porté un flambeau à la procession du Saint-Sacrement de ma paroisse. — « Grand dindon ! me dit-elle. Comment ! vous, garde du corps, vous vous exhibez, un cierge à la main, dans une procession ! Ah ! jurez-moi que vous ne le ferez plus.

C'est par trop ridicule » ! — « Je me garderai bien, madame, lui répondis-je, de prendre un pareil engagement. Je vous promets, au contraire, de recommencer chaque fois que j'en trouverai l'occasion, et ce sera toujours avec bonheur ». Le pauvre Naudin n'eut pas, dans la suite, à se féliciter d'avoir éloigné de la religion sa femme et son fils. Il fut si malheureux chez lui qu'il dut prendre du service en Algérie.

Le général marquis d'Avaray commandait le département de Loir-et-Cher. Je trouvais toujours chez lui l'accueil le plus charmant. Il m'avait demandé de piloter son fils, plus jeune que moi et nouvellement reçu aux gardes du corps, et de lui adoucir ses débuts à la compagnie de Noailles dont il faisait partie. Il m'emmena chez son père, le duc d'Avaray, qui était fort âgé, pour me présenter à lui, ainsi qu'à la duchesse. Ces bons vieillards ne tardèrent pas à me prendre en grande amitié. Je jouais aux échecs avec le duc et je faisais la lecture à sa femme, cherchant toujours, par mon empressement et mes égards, à leur prouver combien je leur étais reconnaissant de l'extrême bienveillance qu'ils voulaient bien me témoigner. Ils m'invitèrent fréquemment à leur hôtel, à Paris, pendant l'hiver. L'été et l'automne, lorsque je n'étais pas de service, je faisais de continuels séjours au château d'Avaray, un des plus beaux de France (cette terre rapportait cent vingt mille francs de rente). J'y passai l'automne de 1822, et j'y pris part aux parties de chasse les plus charmantes. On était si aimable qu'à peine m'était-il permis de m'échapper de temps en temps pour aller à Blois, faire une courte visite à ma mère.

M. le duc d'Avaray était gentilhomme de la chambre du roi, grand maître de la garde robe; comme tel, il était de service trois mois par an et accompagnait le roi dans sa voiture à toutes ses promenades. Nous avions souvent l'occasion de nous rencontrer aux Tuileries ; toujours il me donnait les marques du plus bienveillant intérêt.

La guerre d'Espagne se préparait, un escadron par compagnie des gardes du corps devait prendre part à l'expédition : quel ne fut pas mon chagrin lorsque j'appris que le mien restait à Paris ! Il me fallut faire appel à toute ma résignation chrétienne pour ne pas me laisser aller de nouveau à un accès de désespoir, et pour me résigner à la volonté de Dieu.

X

Le duc d'Avaray me dissuade d'entrer dans un régiment colonial. — Je demande la gendarmerie royale. — Le favoritisme règne en maître dans les bureaux du ministère de la guerre. — Je suis nommé lieutenant de gendarmerie à Nantes.

Je ne pouvais me consoler de manquer la seule occasion de faire campagne qui se fût présentée à moi depuis mon entrée au service, occasion rare, surtout dans la maison du roi. Je fus pris d'un immense dégoût du monde, et je songeai un instant à entrer dans les ordres, mais l'idée de me remettre à l'étude du latin me refroidit. C'était à l'époque où M. de Ravignan venait d'entrer à Saint-Sulpice, et où tant d'autres vocations célèbres se décidèrent. Je contribuai, pour ma part, à en provoquer une. Armand de Belot, frère de Théodore, mon camarade, officier dans les gardes, avait fait une partie de ses études avec moi. Il voulut me dire adieu avant de partir pour l'Italie, où il était envoyé comme attaché d'ambassade. C'était le comble de ses désirs. Je lui proposai de se faire recevoir préalablement dans la congrégation, pour mettre son voyage sous la protection du ciel. Il y consentit volontiers. Je le conduisis au père Roussin, qui voulut bien abréger pour lui le temps ordinaire des épreuves, vu son départ précipité. Je fus bien étonné, quelques jours après sa réception, d'apprendre qu'au lieu de se mettre en route pour l'Italie, il était entré à Saint-Sulpice. Il fut un prêtre exemplaire et devint curé de la cathédrale de Blois.

Tout cela ne me consolait pas de ne pas aller en Espagne; je ne voyais plus pour moi aucune chance d'avancement; mon avenir était borné désormais. La pensée me vint de passer avec mon grade dans un régiment colonial. Je me rendis, à cet effet, chez Amédée Thierry, chef du bureau des colonies au ministère de la marine. Il me donna la marche à suivre pour parvenir à mes fins. J'en parlai au duc d'Avaray, mais ce dernier refusa d'appuyer ma demande : il n'y avait pas grande gloire, me dit-il, à s'en aller mourir de la fièvre jaune dans un hôpital, et je trouverais certainement quelque chose de mieux à faire. Nous pensâmes à la gendarmerie. C'était alors un poste très recherché des officiers qui, comme moi, n'avaient pas de fortune, parce qu'à grade égal la solde y était plus forte que dans les autres corps. Je commençai aussitôt mes démarches. Le duc d'Avaray me donna un puissant coup d'épaule pour la plus importante de toutes : il obtint du duc de Mouchy, mon capitaine, mon inscription sur la liste des candidats aux places d'officiers dans la gendarmerie. C'était un premier pas, mais la grosse affaire était d'être accepté par le ministère de la guerre.

Le baron de Damas était alors ministre. J'avais obtenu son consentement, grâce aux recommandations de M. de Montmorency, de M. de Villèle, président du Conseil, du duc d'Avaray, du comte Alexis de Noailles et de plusieurs autres grands seigneurs, et des ordres avaient été envoyés par lui à cet effet. Nous étions au mois de décembre 1823. J'attendis jusqu'au mois de mai 1824 sans entendre parler de rien. Je m'adressai au chef du bureau de la gendarmerie, M. Hyvert. Je fus accueilli par lui comme un chien dans un jeu de quilles : il me dit qu'il avait bien reçu du ministre l'ordre de me nommer dans la gendarmerie, mais que le duc d'Angoulême avait fait des nominations en Espagne, et qu'il fallait à tout prix placer les officiers choisis par le prince ; qu'il y en avait un très grand nombre, et que mon tour ne viendrait pas de sitôt. Je sortis fort triste du ministère. Comme, le soir même, je dînais chez le duc d'Avaray avec le comte de Salaberry, je leur contai ma déconvenue. Le duc en parut désolé et très surpris; le ministre lui avait assuré qu'il avait donné l'ordre formel de me nommer. M. de Salaberry me consola bien vite. Il me dit : « M. le duc d'Avaray vous a donné le ministre, mais il ne vous a pas donné les bureaux, et je m'en charge. Venez me voir demain matin à huit heures ». Puis il nous quitta, sans s'expliquer davantage.

Naturellement, je n'eus garde de manquer à ce rendez-vous. M. de Salaberry m'attendait; il m'apprit que M. Hyvert était venu la veille chez M. de la Vaux, son gendre, préfet de Poitiers, dont il dépendait, et lui avait demandé un service personnel d'une certaine importance. M. de la Vaux avait répondu qu'il le lui rendrait très volontiers, mais à la condition que je serais nommé dans la gendarmerie avant quinze jours. M. Hyvert s'y était engagé et me priait de venir le voir.

J'y allai dans la journée. M. Hyvert fit quelques pas à ma rencontre, m'avança un fauteuil et me dit qu'il avait examiné de nouveau mon affaire : mes droits étaient incontestables, je pouvais compter sur une place qui se trouvait disponible en Bretagne. Il tint parole : ma nomination fut signée le 13 juin 1824, et me fut notifiée officiellement le surlendemain. Pour être agréable à M. de Salaberry, M. Hyvert m'avait obtenu la plus belle lieutenance de gendarmerie de France, alors que le ministre de la guerre, sollicité par les plus grands seigneurs de la Cour en faveur de leurs protégés, mais qui ne pouvait aller fouiller dans les tiroirs des bureaux, était obligé de s'en rapporter à ses sous-ordres et de répondre aux grands personnages : « Monseigneur, je suis désolé, il n'y a aucune place vacante pour votre candidat ». Ma nomination stupéfia tous mes camarades : quelques-uns d'entre eux attendaient la leur depuis deux ou trois ans, sans entendre parler de rien. Je leur livrai mon secret, et depuis lors leurs efforts furent dirigés sur les bureaux, bien plus puissants que le ministre lui-même.

Le baron de la Brousse, adjudant-major de notre compagnie de Noailles, m'invita à déjeuner. Il me dit toute la satisfaction qu'il éprouvait de me voir nommé à Nantes, que sa femme étant de ce pays-là, il aurait souvent l'occasion de me voir, et que, très certainement, il ne la manquerait jamais. M. de la Brousse avait suivi la mission avec moi, et nous nous étions rencontrés auprès des malades. Tant que j'avais fait partie de la compagnie, il s'était montré d'une très grande réserve vis-à-vis de moi, mais, maintenant que je n'étais plus sous ses ordres, il pouvait sans inconvénients suivre l'impulsion de son cœur. Jusqu'à son dernier moment il a été notre meilleur ami. M. le comte Rogatien de Sesmaisons était aussi un de nos officiers supérieurs; il me présenta à M. Humbert de Sesmaisons, son frère, qui était député. Tous deux, ils me recommandèrent très chaudement, ainsi que M. de Salaberry, au préfet de la Loire-Inférieure, député lui aussi. J'étais donc muni de bonnes recommandations, mais il me fallait avoir en plus une somme relativement considérable pour acheter un cheval, de nouveaux uniformes et tout l'équipement nécessaire. Naturellement je n'avais pas fait d'économies aux gardes du corps; tout au contraire, on avait considéré comme une sorte de merveille que je pusse me tirer d'affaire sans m'endetter. M. et Mme de Bermonville étaient absents, comme tous les étés; M. et Mme Hyvert (ils n'avaient rien de commun avec le chef de bureau du même nom) eurent la bonté de les remplacer auprès de moi et de m'offrir une avance de mille francs que je leur remboursai en plusieurs années.

Je pris congé de mes officiers supérieurs et de mes camarades, j'embrassai le bon Martel et le plus excellent encore Charles d'Aulnois, et, profitant du délai que me laissait ma feuille de route, j'allai voir ma chère mère. Après avoir passé quelques jours avec elle, j'arrivai à Nantes plein d'espoir dans l'avenir.

XII

J'arrive à Nantes. — Mes nouveaux chefs. — Bon accueil du préfet. — Je dissipe un rassemblement. — Commencement de mes tournées. — Couëtus et La Robrie. — Amabilité de la société nantaise. — Mort de Louis XVIII. — Politique égoïste de ce souverain. — Paroles prophétiques. — Mgr de Guérines me prend en amitié.

Je ne connaissais pas Nantes, tout y était nouveau pour moi. Mes nouveaux chefs ne ressemblaient nullement à ceux de Paris et de Versailles. Le commandant Pélecier, sous les ordres directs duquel je me trouvais, était un excellent homme, mais d'écorce un peu rude. N'ayant jamais fréquenté le monde, le fuyant même, il ne s'occupait que de son service et de son intérieur, composé d'une femme plus que mûre et presque aveugle, et d'une fille, excellente créature elle aussi, mais quelque peu montée en graine et n'y voyant guère mieux que sa mère. Le trésorier, M. Gays, était toujours malade. Il avait deux filles, calligraphes émérites, qu'il menait très sévèrement et chargeait de toutes les écritures de sa comptabilité ; elles y consacraient toutes leurs journées, et souvent une partie de leurs nuits. Leur père était à cet égard d'une exigence cruelle.

Mon prédécesseur, M. de la Grange, m'attendait pour me céder en presque totalité ses objets de ménage et d'équipement, ce qui fut pour moi une très grande économie. Il me mit au courant du caractère des personnes auxquelles j'aurais affaire pendant mes tournées, renseignement très précieux pour moi dans la suite. De la sorte je fus vite en état d'entrer en fonctions. On peut juger de mon bonheur : à vingt-six ans, je me trouvais à la tête de cent vingt hommes d'élite !

Mon arrondissement étant situé dans la plus belle partie de la Vendée militaire, presque tous les maires étaient d'anciens officiers de Charette. Je m'empressai d'exhiber mes lettres de recommandation, et de me présenter au préfet de la Loire-Inférieure, M. de Vérigny, déjà prévenu de mon arrivée par ses collègues de la Chambre des députés, MM. de Salaberry et de Sesmaisons. Il me fit l'accueil le plus gracieux et m'invita à dîner pour le lendemain. Je fus présenté à Mme de la Rochemacé, sa fille, et à M. de la Rochemacé, son gendre, officier de chasseurs à cheval. J'entendis ce dernier raconter toutes les difficultés qu'il éprouvait pour se rendre à son château de la Roche. N'ayant aucun chemin praticable pour y arriver, il était obligé de laisser ses chevaux et sa voiture à trois quarts de lieue, et de prendre une charrette à bœufs où il montait avec sa femme, ses enfants et ses provisions. Je me disais en moi-même : je ne voudrais pas, pour tout l'or du monde, habiter un pareil château ! sans me douter que, dix ans plus tard, je voyagerais dans les mêmes conditions, pour atteindre une petite maison sans importance qui devait être mienne.

Il me fallut faire des visites à toutes les autorités et à tous les magistrats. Je retrouvai bon nombre de ces derniers à la congrégation, dirigée à Nantes par l'abbé Angebault, pour lequel le père Roussin m'avait donné une lettre de recommandation. On fut un peu surpris de voir un officier de gendarmerie en faire partie, et l'on se demandait quelle sorte d'homme je pouvais être. Mais l'occasion me fut bientôt fournie de montrer qu'un officier congréganiste en valait bien un autre. Les ouvriers tisserands étaient en grève; les meneurs avaient été arrêtés et mis à la prison du Bouffay. Il se forma, sur la place de ce nom, un attroupement assez considérable. Le commandant Pélecier me donna l'ordre de monter à cheval avec six gendarmes, pour disperser les mutins. Ce fut aussi vite fait que dit. Arrivé place du Bouffay, je pris position au bas du grand escalier. Tous les membres du tribunal et du barreau étaient aux fenêtres, très inquiets de ce qui allait se passer. Je commençai par engager les ouvriers à se retirer tranquillement, en les prévenant que s'ils ne le faisaient pas de bonne volonté, ils seraient bien obligés de le faire de force. Je réitérai deux fois mon avertissement, d'une façon très calme, puis, voyant qu'il restait sans effet, j'enlevai mon cheval avec deux bons coups d'éperons, et le lançant sur la foule, je culbutai les tapageurs qui se trouvaient devant moi. Mes gendarmes imitèrent mon exemple. Ce fut un sauve-qui-peut général, la place fut vide en quelques secondes. Les juges et les avocats, témoins de notre charge, demandèrent le nom de l'officier qui avait si vigoureusement dispersé le rassemblement. Ceci me posa tout de suite auprès des autorités; je fus chaudement félicité de mon savoir-faire.

Je partis quelque temps après pour exécuter ma première tournée, à laquelle j'attachais une grande importance. Je commençai par la brigade de Machecoul, après m'être arrêté au château de l'Hermitière, chez le marquis de Catuelan, père de Mme Espivent de la Villeboisnet. L'accueil aimable que j'y reçus me fit bien augurer de mes futurs rapports avec les chefs vendéens. En quittant Machecoul je partis pour Saint-Philbert, accompagné du gendarme Touret. Celui-ci avait servi sous la République; il avait assisté à presque tous les combats contre les royalistes. Il était devenu très dévoué au roi; il prouva sa fidélité en se retirant, comme moi, en 1830. Touret connaissait toutes les histoires du pays; il me les racontait avec une très grande lucidité. Il me faisait passer par des chemins perdus et ignorés, et trouvait partout quelque anecdote intéressante à me narrer.

A Saint-Philbert, je descendis chez M. de Couëtus. Je le connaissais déjà, il faisait partie de la congrégation. C'était un ancien officier de l'armée royale, qui s'était distingué dans plusieurs affaires, sous Charette; nous nous liâmes tout de suite d'une amitié que sa mort n'a pas détruite. Il fut, jusqu'au dernier jour, mon conseil et mon guide.

De Saint-Philbert je me rendis à Legé, où je fis la connaissance du bon curé, qui vit encore à l'heure où j'écris ces lignes. C'est un pays rempli de souvenirs historiques ; à chaque pas on y rencontre les traces des héroïques efforts du peuple de géants. Le soir même je repartis pour Vieillevigne, par les chemins les plus épouvantables qu'il soit possible d'imaginer. Je logeai chez M. Le Maignan de l'Écorce, où je trouvai le véritable type de la vie patriarcale. Toujours préoccupé de l'avenir, car il avait la triste expérience du passé, M. Le Maignan n'approuvait pas le présent ; il déplorait la conduite de Louis XVIII, qui était sur le bord de la tombe, et la funeste impulsion qu'il avait donnée aux affaires. Fidèle officier vendéen, il était, d'ailleurs, toujours prêt à marcher. Il ne s'est, du reste, jamais considéré comme vivant en état de paix absolue.

Après avoir inspecté la brigade de Pont-James, je m'arrêtai à la Mouchetière, chez le brave La Robrie, dont je fus particulièrement content. Possesseur d'une fortune médiocre et père d'une nombreuse famille, cet ancien officier général des armées royales se livrait à tous les travaux de la campagne avec une simplicité digne des temps antiques. Je rentrai à Nantes le soir même, ayant effectué seulement la moitié de ma tournée.

Je commençai la seconde moitié par Aigrefeuille, dont M. de Misprinste était maire. Je trouvai chez lui l'hospitalité cordiale et sans cérémonies qu'il réservait à tout visiteur chrétien et royaliste; promptement reconnu comme tel, je fus introduit en ami au foyer de famille. De là je gagnai Clisson, où la brigade de gendarmerie m'attendait. Je visitai avec le brigadier ces lieux où tout parlait des horreurs de la Révolution. Je sortis le cœur serré du château; j'y avais vu les traces des cruautés atroces dont il avait été le théâtre. On connaît l'affreux épisode du puits; la postérité aura peine à croire aux actes de férocité inouïe commis par les révolutionnaires.

Le soir je couchai à la Trémélière, en Château-Thébaut, chez M. de la Biliais. Je connaissais déjà son fils aîné, avec lequel j'avais contracté une solide amitié. M. de la Biliais, le père, avait émigré tout jeune; pendant son absence, sa mère et ses quatre sœurs montèrent sur l'échafaud du Bouffay. Touché de compassion, un officier républicain eut la pensée de sauver une des jeunes filles, qui était d'une beauté ravissante. La loi lui donnait le droit de la réclamer pour l'épouser. Il en fit la proposition au moment même de l'exécution. Mlle de la Biliais interrogea du regard sa mère, qui s'écria : « Mille fois la mort plutôt que le déshonneur » ! Quelques minutes après, la Révolution comptait cinq victimes de plus. Il me parut que le souvenir de cette scène avait jeté sur la famille de mon hôte un voile de tristesse; les femmes, surtout, semblaient inaccessibles à la gaieté. Cela ne les empêcha pas de me recevoir avec une grande bonté; leur charité envers les pauvres, leur bienveillance et leurs vertus répandaient sur la maison un charme mélancolique que je savais apprécier. Ludovic, mon ami, l'aîné des quatre frères, était charmant pour moi, et nous nous trouvâmes très heureux de passer quelques jours ensemble; aussi je m'arrangeai pour visiter successivement les brigades de Vallet et du Loroux, situées à une égale distance de la Trémélière. Après cela je m'en allai visiter la brigade de la Seilleraie, où je me trouvai en rapport avec la famille de Becdelièvre, et celle de Sautron, dans le voisinage de la famille Hersart du Buron.

Cependant je n'avais pas encore vu mon colonel. Au mois de novembre, il annonça son arrivée à Nantes. Je fus à sa rencontre, sur la route de Paris. En ce temps-là les chemins n'étaient pas en aussi bon état qu'aujourd'hui;

il avait beaucoup plu et les ornières étaient très profondes. En passant près d'un village appelé le Chemin-Nantais, la voiture de mon chef s'embourba et les chevaux ne purent la tirer de ce mauvais pas. Ils étaient à bout de forces, je dus leur adjoindre un cheval de renfort que je pus heureusement me procurer. Les chevaux du colonel étaient deux misérables petites rosses, ne valant pas cent écus. Nous marchions au pas tout le temps, et nous arrivâmes à Nantes en pleine nuit.

Nous soupâmes à onze heures du soir, chez le bon gros commandant. Il tenait beaucoup à recevoir chez lui notre colonel, dont le nom était Fitremann. Les habitudes dudit Fitremann ne s'accordaient guère avec les miennes : il aimait à faire de la nuit le jour; il lui arrivait presque quotidiennement de se lever à onze heures du matin; souvent il n'était pas couché à deux heures après minuit, et cela sans nécessité aucune. Le colonel et le commandant étaient aussi lourds l'un que l'autre, physiquement et moralement, et j'ai souvent bien souffert en leur compagnie. J'étais obligé d'être sans cesse avec eux, pendant tout le séjour du colonel à Nantes, et cela revenait assez souvent, surtout depuis le mariage de ce dernier, mariage dont je parlerai ultérieurement. Je me dédommageais de ces petites misères en fréquentant la meilleure société nantaise. M. Humbert de Sesmaisons réunissait chez lui les familles les plus distinguées de la ville; je fus présenté par lui à toutes celles qui recevaient, et, en ce temps-là, il y en avait beaucoup. J'étais le seul officier de la garnison accepté dans le monde; je devais ce privilège à l'allure franche prise par moi dès le début : je m'étais montré tout de suite chrétien et royaliste convaincu, et l'on m'accueillit à bras ouverts, chose très rare à Nantes, où l'on n'aime pas les étrangers et où l'on est très froid. Je suis peut-être le seul exemple d'un pareil accueil.

Peu de temps après le passage de mon colonel, le roi Louis XVIII mourut. Ce fut un événement très grave pour la France. Ce vieux souverain philosophe avait donné à la monarchie une impulsion dangereuse pour son successeur, il le savait bien. Son égoïsme l'avait poussé à mener les choses de manière à pouvoir mourir sur le trône; c'était le seul but de sa politique. Mais il n'ignorait pas la difficulté qu'aurait son frère à s'y maintenir. Je me rappelle très bien qu'à l'occasion de l'avènement du ministère Villèle, il prononça ces paroles remarquables : « Mon frère brûle du désir de monter sur le trône, mais qu'il y fasse bien attention, il croulera sous ses pieds ». J'étais encore dans la maison du roi quand Louis XVIII tint ce langage ; personne alors ne pensait que cette prédiction dût se réaliser si promptement.

L'hiver qui suivit la mort du roi fut très triste ; à Nantes il n'y eut aucune soirée dansante, on se contentait de se réunir pour faire de la musique et prendre le thé. J'aimais beaucoup alors le trictrac, et je faisais souvent la partie de Mgr de Guérines, grand amateur de ce jeu. Monseigneur m'avait pris en vive amitié, ainsi que tous les prêtres de son entourage ; j'étais le seul officier que l'on eût vu à Nantes aller tous les jours à la messe, et la servir au besoin. Tout cela ne nuisait en rien à mon métier et à mes relations militaires, car j'avais su, dès le début, comme je l'ai dit précédemment, convaincre mes chefs et mes subordonnés qu'on peut être à la fois bon chrétien et bon officier.

XII

M. de Villeneuve-Bargemon est nommé préfet à Nantes. — M. et Mme de la Ferronnays. — Un amoureux oublieux mais fidèle. — Charmante hospitalité à Saint-Mars-la-Jaille. — La famille de Lauriston. — Le grand Blottereau. — Le personnel des ministères est resté révolutionnaire. — Tournées de recrutement et incidents comiques.

J'étais à Nantes depuis un an à peine quand le préfet, M. de Vérigny, fut remplacé par le vicomte Alban de Villeneuve-Bargemon. Ce dernier venait de perdre sa femme; il arrivait seul avec ses trois petits enfants. On lisait sur ses traits l'expression d'une mélancolie profonde, qu'il cherchait à dissimuler lorsqu'il était obligé de voir du monde ou de recevoir chez lui. Je m'étais bien mis au courant du personnel de l'administration et de l'esprit du pays; j'eus à ce sujet plusieurs conférences avec le préfet. Nos relations devinrent de plus en plus fréquentes, nous ne tardâmes pas à nous lier d'une sincère amitié. M. de Villeneuve-Bargemon était un chrétien fervent; lorsqu'il sut ma manière de vivre, il en éprouva la plus vive satisfaction.

Je remplaçais un jour le lieutenant de gendarmerie d'Ancenis, malade, dans une tournée de recrutement. Le préfet me proposa de l'accompagner chez le marquis de la Ferronnays, au château de Saint-Mars-la-Jaille. Nous trouvâmes ce respectable gentilhomme en costume d'autrefois : culotte courte, bottes à l'écuyère, jabotière de dentelle, cheveux poudrés, etc... Il habitait une partie des bâtiments de service, près des ruines de son ancien château, brûlé en 1793, et il avait la douleur de voir, en face de lui, l'autre partie des communs habitée par la gendarmerie, et diverses familles qui s'étaient installées dans ces bâtiments vendus nationalement. Nous fûmes reçus avec une courtoisie inconnue de nos jours. Quoique M. de la Ferronnays ne possédât plus que les débris d'une grande fortune, nous assistâmes à un dîner noblement servi. Très âgée, Mme de la Ferronnays avait conservé l'aimable empressement d'une femme de haute condition; elle avait auprès d'elle sa fille, qui ne l'avait jamais quittée, ni en émigration ni en France, et même après son mariage. Parée de toutes les grâces de la jeunesse à l'époque de la Révolution,

Mlle de la Ferronnays avait rencontré, à Londres, un galant chevalier (dont malheureusement, j'ai oublié le nom), qui lui avait promis sa foi. Une vingtaine d'années se passèrent, la famille de la Ferronnays rentra en France. Pour Mlle de la Ferronnays, la jeunesse s'était écoulée avec l'émigration, mais les vieux souvenirs n'étaient pas effacés chez elle. L'idée lui vint d'écrire à l'amoureux d'antan et de le mettre en demeure de tenir ses promesses. L'oublieux chevalier fut un peu surpris de cette missive, car il n'avait pas le moindre souvenir d'avoir pris aucun engagement de ce genre. Mais comme il était la loyauté même, et toujours célibataire, il crut à la parole de Mlle de la Ferronnays, la sachant incapable d'user d'un pareil subterfuge pour se faire épouser, et il vint mettre aux pieds de celle-ci son cœur et sa fortune. Je les ai vus tous deux, modèles des plus heureux époux, ne s'occupant que du bonheur de leur entourage. C'est à Saint-Mars que j'entendis le récit qu'on vient de lire.

Nous allâmes, le soir même, coucher au château de la Motte-Glain; Mme de la Ferronnays nous y accompagna. On y célébra la messe le lendemain, et j'y assistai. Mme de la Ferronnays fut tellement surprise de voir un officier de gendarmerie dire ses prières, qu'aussitôt rentrée chez elle, elle écrivit à mon commandant une lettre où elle me portait aux nues.

Nous quittâmes la Motte-Glain après le déjeuner. M. de Villeneuve-Bargemon se rendait à Châteaubriant, et moi à l'abbaye de la Meilleraye où j'avais coutume de séjourner de temps en temps. Le R. P. Antoine, abbé de la Trappe, m'aimait beaucoup, et quand mon service me laissait quelque liberté, j'allais me reposer auprès des bons pères. Faisant un jour remarquer à l'un d'eux, un ancien colonel de l'armée anglaise, combien sa vie présente était différente de son existence passée, il me répondit : « Au début, j'éprouvais quelques consolations à offrir mes souffrances à Dieu, mais, à présent, je suis habitué à la règle, et je n'acquiers plus de mérites. On est si tranquille quand on a accepté la bride, et qu'on sait les rênes tenues par des mains aimées et sûres » !

Rentré à Nantes, mon commandant, auquel la lettre de Mme de la Ferronnays était parvenue, me dit : « C'est comme cela que vous faites des conquêtes pendant vos tournées? J'apprends que vous faîtes tourner la tête aux dames chez qui vous allez ». Je ne savais pas ce que mon supérieur voulait dire. Il finit par me parler de la lettre de Mme de la Ferronnays, me félicitant d'avoir conquis des suffrages si honorables, et m'engageant à continuer une manière de vivre à laquelle je les devais.

J'avais déjà reçu plusieurs invitations de M. de Lauriston, receveur général. Je dînai chez lui le jour de la fête de Mme de Lauriston. Il fit cadeau à sa femme d'une terre magnifique, appelée le Blottereau, terre située à une lieue de Nantes, sur la prairie de Mauves. Je m'associai à la joie de la famille avec d'autant plus de conviction, que j'adorais le jardinage et la campagne. « Puisques vous êtes si grand amateur d'horticulture, me dit M. de Lauriston, seriez-vous homme à m'aider à tracer et à planter quelques massifs que je me propose de jeter dans le parc? Je déteste les architectes, parce qu'avec ces gens-là on ne fait pas ce qu'on veut, mais il me semble qu'à nous deux nous serions bien capables de nous tirer d'affaire ».

Nulle proposition ne pouvait m'être plus agréable. Nous prîmes rendez-vous pour le lendemain, afin de reconnaître le terrain et de dresser nos plans. Les travaux du Blottereau, promptement commencés, furent pour moi une source de grandes jouissances. La plus grande était de me trouver en rapport avec M. de Lauriston. Bon royaliste, bon chrétien, homme d'une société charmante, il était frère du maréchal de Lauriston, ministre de la maison du roi, et il lui avait fallu la protection de son frère pour conserver sa place de receveur général. Les bureaux du ministère des finances, comme ceux des autres ministères, étaient restés révolutionnaires sous la Restauration; ils ne pouvaient lui pardonner de s'être tenu à l'écart pendant les Cent-Jours. M. de Lauriston était en effet le seul receveur général ayant donné sa démission en mars 1815; il avait pourtant six enfants et ne possédait alors aucune fortune. Il n'est pas de méchancetés ni de tracasseries qu'il n'ait eu à subir, de la part de ces hommes qui font un crime aux honnêtes gens de ne pas leur ressembler. Ne pouvant obtenir sa destitution, ils cherchèrent à diminuer ses bénéfices : le receveur général de *Besançon* fut chargé de toucher les fonds *provenant de la douane de Nantes!* Malgré d'aussi énormes injustices, la recette de Nantes était une place magnifique, permettant à son titulaire d'amasser promptement une belle fortune, fortune dont M. et Mme de Lauriston usaient de la façon la plus noble et la plus aimable. Mme de Lauriston était une femme éminemment gracieuse, ne vivant que pour ses enfants, et dirigeant avec intelligence une maison considérable, ouverte à toutes les familles distinguées du pays. Le Blottereau lui fournissait une occasion charmante de donner des réunions intimes, où régnait la plus agréable gaieté. Tous les dimanches elle donnait un dîner de famille, auquel étaient invités quelques amis privilégiés. Dans la soirée les enfants, qui m'aimaient beaucoup, m'accaparaient pour leur raconter des histoires de brigands dont ils étaient très friands, histoires inspirées par les rapports journaliers qui m'étaient adressés, et que, naturellement, j'avais soin d'arranger à leur usage. Quand l'heure de la retraite avait sonné pour la jeunesse, je jouais au trictrac avec M. de Vernesy, vieillard octogénaire d'une aimable gaieté. J'ai toujours aimé l'enfance et la vieillesse ; ces deux époques de la vie, sujettes à une égale faiblesse, m'inspiraient un grand attrait de dévouement.

Le Blottereau n'était guère à plus de deux ou trois kilomètres de la caserne de gendarmerie où je demeurais ; je passais dans cette propriété tout le temps que me laissait mon service. J'y avais mes habits de travail et mes outils de jardinage. M. de Lauriston y venait presque toujours aux mêmes heures que moi; nous étions toujours d'accord pour la plantation des massifs. Rien ne fut ménagé pour la réussite de notre ouvrage, ouvrage rendu plus difficile par la nature du sol; mais comme l'argent n'était pas ménagé, le succès couronna nos efforts. Au mois de février, époque où l'on prépare les plantations, je fus arraché à mes chères occupations par la tournée de recrutement. Je la faisais avec le secrétaire général de la préfecture, M. de Boësnier, un compatriote de Blois que je connaissais beaucoup et que j'avais été heureux de retrouver à Nantes, M. Alphonse du Fort, conseiller de préfecture, et M. de Saint-George, chef du bureau militaire de la préfecture. Nous étions fort gais tous les quatre, et nous avions souvent l'occasion de rire à nous tenir les côtes. Un jour nous étions descendus à l'auberge du Loroux. C'était la veille du tirage. Après le dîner, M. de Boësnier eut l'idée saugrenue de demander à la maîtresse de la maison si elle connaissait le président d'Haïti (nous en avions causé toute la soirée). — « Ah! parbleu oui, nous répondit-elle, c'est le cousin de notre maire, M. Moriceau de la Haye! Il a passé par ici la semaine dernière ». Ces paroles inattendues provoquèrent parmi nous un rire homérique. La pauvre hôtesse, ébahie, ne comprenait rien à notre hilarité : elle avait cru que nous parlions du président du tribunal, lequel, effectivement, était venu au Loroux.

M. de Boësnier était extrêmement délicat; souvent il éprouvait de véritables souffrances quand il ne pouvait se procurer une bassinoire pour réchauffer son lit avant de se coucher. A cette époque les chemins étaient affreux. Pour nous rendre du Loroux à Vallet, nous nous engageâmes dans un chemin qui aboutissait à un pont trop étroit pour les roues de notre véhicule. Comment faire? Pas moyen de faire demi-tour; d'ailleurs il fallait à tout prix arriver au Loroux, car tout y était prêt pour le tirage du lendemain. Heureusement un grand nombre de paysans vinrent à notre secours; ils soulevèrent la voiture après l'avoir dételée, et lui firent traverser le pont sans accident. Transporté de joie en nous voyant tirés de ce mauvais pas, triomphant comme un général d'armée qui aurait remporté une grande victoire, M. de Boësnier s'écria : « Les voilà bien, les dignes enfants de la Vendée qui ont fait tant de prodiges! Ce n'est que là qu'on peut rencontrer tant d'énergie et d'intrépidité »! Nous rîmes bien de son lyrisme, du Fort, Saint-George et moi.

XIII

Un colonel amoureux. — Hyménée! — La nouvelle préfète. — Une fête royaliste à Legé. — Je commande les paysans à la revue. — La Bretaudière. — Mission religieuse à Nantes. — Incendie de la tannerie du Bourgneuf.

Depuis quelque temps notre colonel revenait plus fréquemment à Nantes. Il avait toujours avec le commandant Pélecier d'interminables entretiens. Un soir que nous reconduisions le père Fitremann à l'hôtel de Bretagne où il descendait, M. Gays et moi nous suivions nos honorables chefs. Il était alors onze heures passées. Arrivés place du Port-Communeau, la conversation de nos officiers supérieurs, qui avait un peu langui, se ranima soudain, à tel point qu'on eût dit qu'ils ne voulaient plus se séparer. Ils se mirent à se promener de long en large. A chaque tour nous croyions que c'était le dernier. Nous entendîmes sonner minuit, une heure, deux heures! La conversation ne se ralentissait pas. Je fus tenté d'abandonner ces bavards et d'aller me coucher, mais j'en fus empêché par M. Gays, qui me suppliait de n'en rien faire, et s'épuisait en efforts pour calmer mon impatience. Ce fut seulement à deux heures et demie que nos deux infatigables causeurs se décidèrent à se quitter. Il était temps!

Nous apprîmes le lendemain le sujet de cette interminable entrevue : il s'agissait de mariage. A cinquante-trois ans, le colonel se disposait à épouser une veuve de cinquante-deux ans! Effectivement, peu de temps après, on distribuait à Nantes des lettres de faire-part ainsi conçues :

« Le colonel Nicolas-Thadée Fitremann a l'honneur de vous faire part de son mariage avec Mme Émilie Vigneron de la Jousselanlandière, veuve de M. Pesse Turenne de Laval ».

Le colonel n'avait d'autre fortune que ses épaulettes, mais Mme de Laval possédait la magnifique terre de Blanchecouronne, et n'avait pas d'enfants. Le frère de cette dame, lui, en avait deux; il comptait bien, je pense, qu'ils hériteraient de leur tante, aussi ne voyait-il pas d'un œil très favorable l'union projetée. Mais c'était un galant homme, et il tâcha de faire bonne contenance le jour du mariage; seulement, il avait la figure quelque peu contractée quand, après la cérémonie, serrant les mains du marié, il prononça ces paroles : « Colonel, vous ne sauriez savoir combien je suis charmé de vous avoir pour beau-frère » ! Ce fut du reste le seul incident gai de la noce, qui fut sérieuse, et suivie de festins également graves. Je n'en ai pas conservé un souvenir très amusant.

Un jour le préfet me proposa de l'accompagner au château de ..., chez M. Urvoy de Saint-Bedan, avec lequel il désirait faire plus ample connaissance. J'acceptai avec plaisir. Nous fûmes reçus de la façon la plus gracieuse. Les petits de Villeneuve-Bargemon trouvèrent là d'autres enfants. Après le repas, pendant qu'ils s'amusaient entre eux, M. de Villeneuve-Bargemon m'emmena dans la salle de billard, et me confia qu'une vie nouvelle allait s'ouvrir pour lui. Jusqu'à ce jour, il ne m'avait jamais parlé que de son chagrin d'avoir perdu sa femme, aussi ce fut avec un certain embarras qu'il me dit qu'il devait aujourd'hui songer à ses devoirs de préfet et de père : il fallait une mère à ses enfants, une femme pour recevoir à la préfecture ; son choix s'était porté sur une amie de sa chère défunte, que celle-ci, avant de mourir (elle avait été malade pendant six mois d'une maladie de poitrine), lui avait conseillé d'épouser après elle.

Je m'empressai de féliciter M. de Villeneuve de sa résolution, et cela très sincèrement, car étant obligé de consacrer tout son temps à la direction d'affaires importantes, il ne pouvait réellement pas s'occuper de ses charmants petits enfants, abandonnés aux soins d'une gouvernante. Comme il devait s'absenter prochainement, il me confia la surveillance de sa jeune famille, qui d'ailleurs était entre les mains d'une personne très capable.

Le préfet revint au bout d'un mois avec sa femme, personne aimable et accomplie en tous points. Elle était extrêment gracieuse, avec un agréable caractère. Intelligente et gaie, elle avait tout ce qu'il fallait pour faire sortir M. de Villeneuve de sa mélancolie. A dater de ce moment les salons de la préfecture furent toujours pleins; la société nantaise s'engoua de la jeune préfète, et ce fut à son sujet un concert unanime de louanges.

Je m'étais lié intimement avec le secrétaire particulier de M. de Villeneuve-Bargemon (M. de Coudevein), qui fut depuis conseiller d'État, chargé de la direction du culte catholique au ministère de l'instruction publique. Il était alors aussi royaliste que moi. C'était un jeune homme aimable et capable. Il était chargé de la censure des journaux. A ses qualités administratives il joignait un talent qui faisait la joie des enfants : c'était un prestidigitateur émérite.

Au cours de mes tournées dans la Vendée, j'avais été péniblement frappé de voir presque tous les châteaux qui avaient été brûlés pendant la Révolution, abandonnés à une ruine dénotant autant d'oubli que d'ingratitude de la part du gouvernement. Nous étions en 1826, la Restauration durait depuis douze ans, et le grand Charette n'avait pas le plus humble monument élevé à sa mémoire ! Ce fut seulement au mois de septembre de ladite année qu'on s'y décida enfin, et que j'assistai à une fête dont je ne perdrai jamais le souvenir.

On avait choisi Legé pour y placer la statue du héros vendéen. Le duc de Rivière, gouverneur de Mgr le duc de Bordeaux, fut désigné par le roi pour présider la cérémonie d'inauguration. Tout le pays royaliste était convoqué à cette fête de l'honneur et du dévouement : Mgr de Guérines, évêque de Nantes, le préfet, le général Despinois, toutes les autorités de la Loire-Inférieure. Quatorze divisions de l'ancienne armée de Charette étaient rassemblées à Legé, avec ce qui restait de leurs anciens chefs. Il s'agissait de disposer cette petite armée pour assister à la messe de l'évêque de Nantes, et pour être passée ensuite en revue par le duc de Rivière accompagné d'Athanase de Charette, neveu du général, et de toutes les notabilités du pays. Le marquis de Catuelan, chef d'une des divisions, vint me trouver au nom de tous et me demanda de prendre le commandement, car ces messieurs ne savaient comment faire manœuvrer ces troupes, assez difficiles à manier en masse. Je n'acceptai un si grand honneur qu'à mon corps défendant, mais je sentais vibrer de joie et d'émotion toutes les fibres de mon cœur. Je mis donc l'épée à la main et je fis les commandements nécessaires, comme si toute ma vie j'avais été à la tête de ces braves gens. Je plaçai dans l'église un certain nombre de soldats vendéens, mais de façon à ce que les nombreux invités de la fête pussent y trouver place. Mgr de Guérines prononça un émouvant discours. Lorsqu'à l'élévation il me fallut commander : « Genou, terre » ! à ces héroïques vétérans, je sentis mon âme se fondre dans un enthousiasme indicible.

L'office terminé, la petite armée fut mise en

bataille et la revue commença. Je ne saurais exprimer l'effet que produisirent ces vieux braves, dans leurs costumes bizarres, tous portant la cocarde blanche, groupés autour de leurs glorieuses bannières qui les avaient si souvent conduits à la victoire ; tous présentaient avec orgueil les armes qu'ils avaient prises à l'ennemi, ou les fusils ou sabres d'honneur donnés par le roi aux plus vaillants. J'ai vu plusieurs canons de la grande guerre, servis par leurs anciens artilleurs. Le spectacle le plus saisissant était celui qu'offraient les mutilés de l'ancienne armée vendéenne, se traînant sur leurs béquilles pour venir participer à la fête.

La ligne de bataille s'étendait jusqu'au piédestal de la statue, posée sur un monticule dominant toute la plaine. Le général Despinois, se plaçant devant le front des troupes, leur adressa, lui aussi, un discours qui produisit un effet prodigieux sur tous ceux dont il put se faire entendre, et qui fut suivi des cris mille fois répétés de : « Vive le roi ! Vive Charette » ! La revue fut suivie d'un banquet préparé dans une grande prairie. J'étais au bout d'une table avec MM. de Bourmont, de Couëtus, Henri de la Rochejaquelein, de la Robrie, Edouard de Monti et quelques autres. L'enthousiasme nous empêchait de manger. On n'entendait que crier : « Vive le roi ! Vive Charette, notre général » ! On chantait, on s'embrassait, on était au paroxysme de la joie. Nous finîmes par monter sur la table pour chanter, le verre en main, des couplets royalistes. La nuit vint nous suprendre au milieu de ces manifestations ; il fallut enfin se séparer. Chacun partit à la tête de sa troupe; quant à moi, je pris le chemin des Bretaudières, avec M. de Couëtus qui m'avait invité à y passer la nuit.

Malheureusement nos fêtes vendéennes n'empêchaient pas la Révolution de continuer son œuvre ; on ne cessait de déblatérer contre la religion ; le mot d'ordre donné par Voltaire était toujours en vigueur. La congrégation en général, les officiers pratiquants en particulier, étaient le point de mire de la franc-maçonnerie. Les efforts de nos ennemis pour soulever des troubles redoublaient quand il s'agissait d'une *mission*. En 1827 il y en eut une à Nantes, donnée par le bon père Rozan et quelques confrères. Je fus chargé d'assurer le maintien de l'ordre dans la rue. Il ne fut pas troublé un seul instant. J'avais si bien pris mes précautions que personne n'osa risquer la moindre manifestation hostile.

J'avais alors la joie de posséder ma bonne mère à Nantes ; elle était venue me voir avec une de mes sœurs, je voulais la garder avec moi. Elle s'était liée avec la femme et la fille de mon commandant ; cette liaison rendait nos relations plus fréquentes et plus faciles ; aussi, quand il fut question de parler aux gendarmes de la mission prête à s'ouvrir à la cathédrale, je n'éprouvai aucune opposition de la part de mon chef, qui, cependant, ne pratiquait pas. Je laissai les gendarmes absolument libres d'agir comme bon leur semblerait, je leur dis seulement que je me proposais de suivre la mission, et que je donnerais toutes les facilités possibles à ceux qui voudraient en faire autant. J'eus la satisfaction d'en voir vingt-huit faire leurs dévotions le jour de la communion générale, et, parmi eux, de vieux soldats de l'Empire, peu soucieux, jusque-là, des affaires de leur salut. Presque tous, dans la suite, demeurèrent bons chrétiens. Les missionnaires rivalisèrent de zèle et de talent ; de nombreuses conversions furent le fruit de leurs efforts.

Jamais, à Nantes, on ne vit plus imposante cérémonie que la procession de la croix, le jour de la clôture de la mission. J'ouvrais la marche sur mon magnifique cheval, suivi d'un peloton de gendarmes en grande tenue, montés sur des chevaux de même robe. Une foule énorme suivait. Le bon abbé Roc avait organisé cette armée avec un savoir-faire au-dessus de tout éloge ; on peut dire que la ville entière prenait part à la cérémonie, favorisée par un temps magnifique. La croix était portée par un nombre considérable d'hommes se relayant à chaque station, où le bon père Rozan prononçait un discours. Arrivés sur la place Viarme, la foule était si compacte qu'il fut impossible d'avancer. Il me fallut exécuter quelques mouvements en colonne par quatre, pour frayer un passage à la procession. Le père Rozan parla une dernière fois à la multitude, puis la croix fut déposée à Saint-Similien, et le cortège se disloqua. La cérémonie avait duré toute la journée ; nos chevaux étaient si fatigués qu'ils se couchèrent sur la litière en arrivant, et, je le crois, tout le monde l'était autant qu'eux.

Peu de temps après, me rendant à la préfecture avec ma sœur, j'arrivais place Louis XVI lorsque j'entendis battre la générale et crier au feu ! Je laissai ma pauvre sœur en place et je ne fis qu'un bond jusqu'au foyer de l'incendie, qui avait pris naissance dans une tannerie importante, sur le marais. Le général Despinois ne tarda pas à arriver. J'avais déjà pu sauver un malheureux enfant de douze à treize ans, prèt à tomber dans les flammes. Le feu était d'une intensité effrayante ; il avait gagné des mottes de tourbe placées sur un séchoir d'une hauteur prodigieuse. Les flammes, se reflétant dans la rivière, portaient leur lumière rouge à des distances énormes. Les efforts des pompiers, de la troupe, des travailleurs civils, étaient impuissants, car l'incendie trouvait tout autour de lui trop de matières inflammables. Il fallut se résigner à faire la part du feu. Je rejoignis ma mère et ma sœur, fort inquiètes de moi, lorsque je fus certain qu'il n'y avait plus aucun risque pour les maisons voisines, c'est-à-dire quand la tannerie ne fut plus qu'un monceau de cendres fumantes.

Il y avait bien longtemps qu'on n'avait vu à Nantes un feu aussi violent ; toute la ville avait été en émoi. Les journaux de la localité vantèrent l'intelligence et le zèle montrés par les autorités supérieures ; ils citèrent plusieurs traits de courage individuel. Quant au préfet, il crut devoir rendre compte de ma conduite au ministre de l'intérieur, qui le chargea de m'adresser ses félicitations. Mais le général Wolf, arrivé à Nantes peu de temps après pour inspecter la gendarmerie, sembla ignorer l'incident. La Révolution ne permettait pas à la Restauration de récompenser ses serviteurs fidèles.

XIV

Nouveau roman. — Désespoir. — Un directeur spirituel compatissant. — Voyage de la duchesse de Berry en Vendée. — Son amabilité pour moi. — Histoire du curé de Derval et du gendarme. — Madame à la Meilleraye. — Fête à la Dennerie.

Mes relations avec M. de Villeneuve devenaient de plus en plus fréquentes et agréables. Il me recevait dans la plus grande intimité; nous éprouvions l'un pour l'autre une vive sympathie. Mme de Villeneuve se montrait, elle aussi, très bonne pour moi; quant aux enfants, ils me considéraient comme faisant partie de la famille. M. de Villeneuve était un homme de grand mérite et de hautes capacités; c'était le cœur le plus noble, le plus généreux qu'on pût trouver; sa bonté parfaite rendait son foyer plein de charme, charme dont je jouissais le plus souvent possible.

Au mois de mai 1828, M. de C... arriva dans notre ville avec sa femme et ses deux filles. Son fils était au collège, à Nantes, depuis quelque temps déjà. Mme de C... (1) était fort occupée à faire confectionner le trousseau de l'aînée des filles, qui devait épouser prochainement le vicomte de G..., leur voisin de campagne. J'eus l'occasion de rencontrer les C... chez M. de Villeneuve et chez plusieurs autres personnes. Ces dames, ayant presque toujours habité loin des villes, étaient ravies quand elles trouvaient une occasion de voir du monde. Il suffisait qu'elles fussent liées avec Mme de Villeneuve pour que je me montrasse fort aimable pour elles. Mais les choses devinrent plus sérieuses un certain soir, quand, dans une contredanse, Mlle Mathilde me serra la main d'une façon inaccoutumée. Il n'en fallut pas davantage pour me faire perdre la tête. Cette jeune fille avait entendu parler de moi en termes si flatteurs que, me dit-elle un peu plus tard, elle avait formé le projet de m'épouser avant de repartir pour la campagne. Le plus difficile était d'obtenir le consentement de ses parents, qui tenaient à la naissance et à la fortune, choses qu'hélas! je ne pouvais leur offrir. Je fis tous mes efforts pour leur plaire, j'y réussis complètement... tant qu'ils ignorèrent les motifs de mon amabilité pour eux.

(1) Comme il s'agit d'affaires purement sentimentales, nous croyons inutile de mettre ici le nom de cette famille.

M. de C... venait très familièrement déjeuner avec moi; je mettais mon cheval à sa disposition : il était grand amateur de chevaux, et le mien lui plaisait beaucoup. Mme de C... était une femme sérieuse et sévère, mais ne se doutant de rien, elle acceptait volontiers mes assiduités. La fille aînée était dans la confidence de mes sentiments pour sa cadette, elle servait nos intérêts de tout son cœur. Toutes deux s'arrangeaient de façon à ce que je fusse de toutes les réunions, de toutes les parties. Les choses marchaient donc fort bien; d'après nos conventions, je ne devais risquer aucune démarche avant d'avoir eu de l'avancement. Nous avions bon espoir, quand M. de C... remarqua les sentiments tendres de sa fille à mon égard. Il s'apprêtait alors à partir pour la Normandie; je lui avais prêté une malle, que je devais reprendre chez lui en lui amenant son fils, au moment des vacances. Cette malle me fut renvoyée, à la suite de quoi nous eûmes une explication qui me plongea dans le plus affreux chagrin.

Ces dames devaient passer encore quelques semaines à Nantes; on me permit de les voir, mais sous l'engagement formel de ma part de garder vis-à-vis d'elles la plus stricte réserve. Je serais surveillé, on m'en avertissait; aucune de mes actions ne passerait inaperçue. Pendant plusieurs jours je restai abîmé dans la douleur. Je n'osais plus sortir, j'étais comme foudroyé. Aussi quelle ne fut pas ma surprise en voyant un beau jour le petit de C..., jeune écolier de quinze ans, entrer dans ma chambre et m'inviter, *de la part de sa mère,* à une partie de plaisir à Clisson. Humbert de Sesmaisons devait en être.

J'acceptai cette invitation sans hésiter; l'espoir est si facile et si doux en pareille occurrence! Nous voilà donc ensemble de nouveau, ma bien-aimée et moi, dans la même voiture, partant pour visiter des sites enchanteurs où nous devions rester jusqu'au lendemain. Comment faire pour observer cette stricte réserve, si impérieusement commandée, et si formellement promise? Les forces humaines ont des bornes : nous ne pûmes nous empêcher de causer encore de notre avenir. Comptant mutuellement sur la persévérance de nos sentiments et sur notre fidélité, nous résolûmes de vaincre la résistance opiniâtre de M. et de Mme de C... en attendant des jours meilleurs avec une patience non moins opiniâtre.

M. de C... avait quitté Nantes pour n'y plus revenir avant le mariage de sa fille aînée, dont le trousseau n'était pas encore terminé. Je fus bien étonné de le voir, un matin, arriver chez moi et me reprocher, en termes très vifs, d'être allé à Clisson et d'avoir parlé d'amour à Mlle Mathilde, malgré ma promesse. Je profitai de la circonstance pour lui ouvrir mon cœur; je trouvai des paroles éloquentes pour lui montrer tout ce dont j'étais capable pour mériter l'honneur de devenir son gendre. J'ajoutai que je regrettais amèrement de ne point posséder la fortune qu'il désirait pour sa fille. Il me répondit sèchement : « Monsieur, vous ne la possédez pas, donc c'est impossible » !

M. de C... quitta Nantes le soir même, emmenant toute sa famille avec lui, excepté son fils qui restait au collège jusqu'aux vacances. Mlle Mathilde, prévoyant les graves difficultés que rencontreraient nos amours, m'avait fait connaître un excellent ecclésiastique au cœur large et dévoué, issu d'une famille d'honnêtes artisans, qui lui portait le plus grand intérêt. C'était, affirmait-elle, un saint prêtre, connaissant bien les souffrances qu'elle endurait dans un intérieur triste et sévère; elle l'avait choisi pour directeur, et je pourrais lui écrire, à elle, en toute confiance par son entremise. Il allait souvent au château; notre correspondance dassant par les mains du bon prêtre, notre conscience n'aurait rien à nous reprocher. Je m'adressai donc au compatissant ecclésiastique, qui versa un baume salutaire sur les plaies de mon pauvre cœur, et qui poussa la charité jusqu'à faire le voyage de Nantes pour venir causer avec moi et m'encourager à la patience et à la persévérance : une occasion imprévue pouvait hâter mon avancement; peut-être alors notre constance finirait-elle par désarmer M. et Mme de C....

Tout plein de cet espoir, je m'acquittai des devoirs de mon métier avec un redoublement de zèle. J'aurais voulu faire campagne, risquer ma vie sur un champ de bataille, me signaler par une action d'éclat. Mais, hélas! tout cela n'était que chimères.

Cependant nous approchions du mois de juillet; le pauvre Charles X faisait fausse route avec son ministère Martignac, et S. A. R. Madame, duchesse de Berry, prévoyant l'avenir, avait projeté un voyage en Vendée, pour voir par elle-même quelles étaient les ressources et les dispositions des populations généreuses et vaillantes, dont les combats gigantesques avaient étonné le monde, à l'époque de la Révolution. L'itinéraire de la princesse me fut communiqué, avec l'ordre de me tenir prêt à l'accompagner dans toutes ses excursions à travers le département, bien que je n'eusse sous mes ordres que l'arrondissement d'Ancenis. Tous les officiers de la compagnie de gendarmerie de la Loire-Inférieure étaient vieux et infirmes; j'étais le seul en état de monter à cheval. J'allai donc recevoir Son Altesse Royale sur les confins du département. Je l'accompagnai jusqu'en face de Saint-Florent, chevauchant à la portière de la voiture. Là elle monta dans un petit bateau préparé pour elle. La Loire était littéralement couverte d'embarcations, portant une multitude de Vendéens dans leurs costumes de bataille, avec leurs drapeaux blancs, leurs tambours et leurs fifres. Les coteaux étaient couronnés de femmes et d'enfants. Tous avaient à la main de petits drapeaux blancs, qui, vus de la Loire, semblaient flotter dans les airs. Ce spectacle avait ému profondément l'âme de la princesse. Elle m'avait fait l'honneur de m'inviter à entrer dans son bateau : « N'est-ce pas, monsieur l'officier, me dit-elle, que ces braves Vendéens font plaisir à voir? On croit être soi-même du pays ».

Nous traversâmes le fleuve au milieu des cris de « Vive le roi! Vive Madame! » qui se répondaient sans interruption. Les tambours, les coups de fusil, les coups de canon même, car la fameuse *Marie-Jeanne* était en batterie au pied de la statue de Bonchamps, tout ce tapage produisait un effet saisissant. Au pied du coteau, Madame trouva un bateau à vapeur qui l'attendait. Elle y entra et fit ses invitations. Je fus du nombre des élus. Son Altesse Royale était accompagnée de la duchesse de Dino et de Mme de Mesnard. Le préfet, le général, toutes les autorités étaient réunies sur le bateau. Le voyage s'effectua jusqu'à Nantes au milieu des vivats, des coups de fusil, des pétards et des feux de joie.

Madame débarqua au Fer à cheval, près du château. Une voiture l'attendait pour la conduire à la préfecture; elle préféra faire le trajet à pied, pour être plus en contact avec les populations qu'elle venait visiter. La foule était si compacte que je fus obligé de veiller à ce que Madame ne fût pas trop serrée par elle. Nous traversâmes ainsi les cours, la place Louis XVI et la rue Royale.

Son Altesse Royale prit seulement quelques instants de repos. Elle voulut recevoir avant de dîner toutes les autorités, toutes les personnes notables qui l'attendaient dans les vastes salons de la préfecture. Ce n'était plus M. de Villeneuve qui était préfet, il venait de partir pour le

Nord. M. de Ferré, son remplaçant, venait seulement d'arriver pour recevoir la princesse, aussi était-il fort embarrassé pour répondre aux questions qu'elle lui adressait, au sujet des différents personnages qu'on lui présentait.

Dès le lendemain Madame voulut prendre le chemin de la Bretagne, pour aller en pèlerinage à Sainte-Anne-d'Auray. Je l'escortai jusqu'à Savenay. Les chefs de l'ancienne armée royale encore vivants l'attendaient au pied du monument, élevé à la mémoire des martyrs de la fidélité à Dieu et au roi. Son Altesse Royale fut enthousiasmée en se voyant entourée par ces braves, échappés à tant de dangers, qui l'acclamaient frénétiquement.

Madame continua son voyage en Bretagne, et rentra seulement quelques jours plus tard à Nantes, par la route de Rennes. Je me portai au devant d'elle, jusqu'à la limite de l'Ille-et-Vilaine. Elle s'arrêta au bourg de Derval, où une fête magnifique avait été préparée en son honneur, par les soins de M. Jousselin de la Haye, intendant des domaines du prince de Condé.

La grande route de Nantes, les rues par lesquelles devait passer la princesse, étaient ornées de verdure, jusqu'à une éminence où un magnifique repas était servi. A table, j'entendis Madame prier le bon curé de Derval de lui raconter son aventure avec le gendarme qui, lancé à sa poursuite, pendant la Révolution, se jeta à la nage pour l'arrêter sur le bord opposé d'une rivière, et qui allait se noyer si le charitable prêtre n'avait plongé dans le courant et sauvé son ennemi.

Son Altesse Royale se remit en chemin, par une chaleur accablante. Nous étions encore à quinze lieues de Nantes, et j'avais dû faire préparer cinq relais. J'étais si fatigué en arrivant que je ne pus, le lendemain, assister au bal offert à Madame par la Chambre de commerce, dans la salle de la Bourse. La princesse employa toute cette journée à visiter les principaux établissements de la ville. Je l'accompagnai seulement à la Visitation, désirant profiter de cette occasion unique de franchir la clôture et de voir l'intérieur d'un couvent. Ma curiosité n'y trouva rien d'intéressant ; tout me parut bien simple, bien modeste et bien triste. Il y avait des sentences pieuses écrites dans tous les corridors et des statues de saints ridiculement laides.

Le jour suivant Madame se rendit au monastère de la Meilleraye. J'étais encore à cheval à la portière de sa voiture. A Joué-sur-Erdre, je demandai les ordres à Son Altesse Royale. Elle consentit à ce que je prisse les devants pour annoncer son arrivée. Je partis au galop, et j'eus vite franchi les deux lieues qui nous restaient encore à faire, car je connaissais un raccourci à travers la lande. Aussitôt qu'on m'aperçut du couvent, toutes les cloches se mirent en branle. Elles carillonnèrent longtemps, car les postillons de Madame avaient pris par le bourg de la Meilleraye, et retardé ainsi son arrivée par un détour inutile. Tous les religieux assemblés, ayant à leur tête le Révérend Père Abbé, revêtu des insignes pontificaux, attendaient Son Altesse Royale. Madame, descendant de voiture, se jeta à genoux pour recevoir la bénédiction. Le R. P. Antoine, après l'avoir bénie avec une sainte affection, lui adressa un discours très touchant, puis on se dirigea vers la chapelle, où la princesse entendit la messe. Quand elle eut visité tout l'établissement, elle se mit à table avec de nombreux invités. Pendant le repas, Son Altesse Royale remarqua un certain nombre de bons pères qui m'entouraient de démonstrations d'amitié, et semblaient me traiter en vieil ami. Elle se pencha vers l'oreille du R. P. Antoine, et lui demanda qui pouvait être cet officier paraissant si intime avec les trappistes.

Le père Abbé expliqua à Madame que j'étais un de leurs plus fidèles amis, et que je venais souvent les visiter. Cela parut la frapper beaucoup; depuis cet instant, sa bienveillance me fut acquise. Le soir même, pendant le retour, Madame me dit qu'elle était très contente de moi, et que si j'avais besoin de son appui, elle serait heureuse de me donner une preuve de son intérêt. Je me confondis en respectueux témoignages de reconnaissance, et j'assurai Son Altesse Royale que je ne m'attendais pas à tant de bonheur. Madame revint en voiture jusqu'à Niort. Là elle trouva un bateau qui devait la conduire à la Dennerie, chez M. de Sesmaisons. La princesse m'invita à monter avec elle; je pus ainsi être le témoin de son admiration pour les sites ravissants des bords de l'Erdre.

Une foule nombreuse et choisie attendait Madame à la Dennerie. M. de Sesmaisons fit bien les choses, la fête fut très belle et Son Altesse Royale sembla y prendre beaucoup de plaisir.

XV

Madame visite Clisson. — M. de Thouaré. — Expulsion des jésuites. — Progrès de l'esprit révolutionnaire. — Le ministère Polignac. — Maladie et mort de ma mère. — Inspection générale. — Le général Rafelix. — Je suis nommé dans la gendarmerie de Paris.

Il faudrait une autre plume que la mienne pour exprimer l'effet produit par la présence de Madame sur ces populations fidèles, si éprouvées par la Révolution; elles étaient littéralement folles de joie et d'enthousiasme. Son Altesse Royale tint à visiter Clisson. Complètement détruite pendant la Révolution, la ville avait été entièrement rebâtie, sur un plan italien; elle offrait un aspect remarquablement pittoresque. Le château seul était en ruines, et, grâce aux soins intelligents de M. Desmats, il conservait les traces et les souvenirs des cruautés révolutionnaires.

Avec une grâce, une énergie inexprimables, Son Altesse Royale voulut tout voir, tout examiner de près. On avait, très sottement selon moi, cherché à faire oublier à la princesse les crimes abominables des républicains, en exhibant à ses yeux des jeunes gens habillés en anciens guerriers, avec lances et boucliers, et des jeunes filles vêtues de robes blanches, la tête couronnée de fleurs. En partant de Clisson, elle laissa tout le monde sous le charme d'une bonté qui débordait de son cœur incomparablement chaud et généreux.

Je devais accompagner Madame jusqu'à la Regrippière, sur les confins du Maine-et-Loire, qu'elle devait aussi visiter; elle fut assez bonne pour me dire qu'elle n'oublierait pas le désir que je lui avais manifesté de passer dans la gendarmerie de Paris, et qu'elle ferait son possible pour le réaliser. Elle était, ajouta-t-elle, très satisfaite de mon service auprès de sa personne pendant son séjour dans la Loire-Inférieure, et elle me reverrait avec plaisir.

Les Vendéens de Maine-et-Loire attendaient Son Altesse Royale; ceux de la Loire-Inférieure, très nombreux, la quittèrent pour retourner chez eux. M. de Mellinet me proposa de me conduire chez M. de Thouaré, qui demeurait à une lieue et demie de là, et qui serait charmé de nous recevoir. Il était déjà tard, j'acceptai avec plaisir, car mon cheval, parti de Nantes le matin, n'était plus en état de m'y ramener. M. de Thouaré nous fit l'accueil le plus cordial. Agé et goutteux, mais d'une gaieté charmante, il avait conservé une mémoire prodigieuse; il se souvenait des moindres événements de la guerre de Vendée. Je l'écoutais avec un vif intérêt.

Le lendemain j'étais de retour à Nantes, et je reprenais le cours de mon service ordinaire.

Peu de temps après, parurent les fâcheuses ordonnances de Charles X concernant le renvoi des jésuites. J'étais jeune alors, mais je n'ai pas oublié l'impression profonde que je ressentis à la pensée de l'abîme où le malheureux roi allait se précipiter. Toutes les personnes que je fréquentais voyaient, comme moi, l'avenir sous les couleurs les plus sombres. Nous considérions le ministère Martignac comme une calamité pour le pays. C'est lui qui a préparé la révolution de 1830. Elle aurait d'ailleurs éclaté tôt ou tard, quoi qu'on pût faire, car le pays était gangrené. La presse était animée d'une haine effrénée contre la monarchie; tous ses efforts tendaient à détacher le peuple des Bourbons. La perfidie, le mensonge, la calomnie, les inventions les plus audacieuses étaient mis en œuvre pour tromper la multitude des lecteurs. Les sociétés secrètes prenaient un accroissement formidable; il s'en forma une sous le titre de *Aide-toi, le Ciel t'aidera* qui travaillait au grand jour. Les articles des journaux révolutionnaires traînaient le pouvoir dans la boue; des brochures incendiaires se publiaient partout, et des commis voyageurs les distribuaient à profusion dans les villes et dans les campagnes. Loin d'opposer aucun obstacle au mal, l'autorité semblait protéger les manœuvres de ses ennemis. En 1829 pourtant, le roi, prévenu des dangers que courait sa couronne, prit le parti de nommer le ministère Polignac, composé de vrais amis de la royauté; mais il était trop tard pour la sauver.

Au commencement de la même année, ma mère avait quitté Nantes, pour aller soigner une de mes sœurs qui se mourait de la poitrine. Elle comptait revenir auprès de moi, mais elle fut atteinte à son tour de la terrible maladie et j'appris qu'elle était, elle aussi, en grand danger. Je demandai une permission de quelques jours, et je me hâtai de la rejoindre. Comment exprimer la douleur que j'éprouvai en découvrant que l'état de ma pauvre mère était désespéré! Elle ne se faisait aucune illusion à ce sujet, elle se savait perdue. Pourtant j'espérai un moment que ma présence allait prolonger sa vie, car elle sembla reprendre des forces ; la maladie parut marquer un temps d'arrêt, pour nous procurer le bonheur de passer quelques jours ensemble. Je m'installai dans sa chambre, sur un petit lit ; désormais nul autre que moi ne lui donna de soins. Ma permission touchait à sa fin, mais je comptais sur la bienveillance de mes chefs pour obtenir une prolongation. Malheureusement, un ordre d'inspection générale ne permit pas de me l'accorder. Il ne me restait plus que deux jours ! Je me gardai bien de laisser voir à ma chère malade les angoisses de mon cœur. Je n'aurais pas hésité à faire le sacrifice de mon grade, pour éviter à ma mère la douleur de me voir partir et de la laisser seule en ses derniers moments. Mais, de nouveau, le mal progressait avec rapidité, sans que nous crussions néanmoins qu'un dénouement fatal fût prochain. Pendant que j'écrivais auprès de son lit, ma mère me fit signe d'approcher, me prit la main, la serra convulsivement, et rendit le dernier soupir...

Je restai longtemps abîmé dans une incommensurable douleur. Ma mère avait généreusement consommé son sacrifice, mais moi, je ne pouvais me résigner au coup qui me frappait. Dans ces horribles moments, la religion seule peut donner à l'homme du courage. Peu de temps avant de mourir, ma mère m'avait raconté que, dans ma petite enfance, elle m'avait un jour pris sur ses genoux, devant une statue de la Vierge de... (1), échappée par miracle aux fureurs révolutionnaires, et jadis objet de dévotion pour le pays ; qu'elle m'avait voué à la bonne Mère, et que celle-ci me protégerait toujours. Je ne tardai pas à éprouver les effets indéniables de cette protection : au plus fort de mon désespoir, je me sentis tout à coup animé d'un courage surnaturel, qui me rendit mon énergie et me permit de m'occuper des tristes détails des funérailles. J'accompagnai le corps de ma mère jusqu'au bord de la fosse, j'accomplis mon devoir jusqu'au bout, mais quand le cercueil disparut sous la terre, je tombai comme une masse, privé de connaissance. On me releva presque mort, et je fus longtemps avant de reprendre mes sens.

Le soir même il me fallut partir pour Nantes. Je m'attendais à recevoir de mes chefs une réprimande très sévère ; je n'en avais d'ailleurs nul souci, mon cœur était trop saturé d'amertume pour que je redoutasse aucun chagrin.

(1) Illisible dans le manuscrit.

Je rejoignis mon poste sans trop de retard; mes supérieurs respectèrent ma douleur et ne m'adressèrent pas de reproches. Les travaux de l'inspection générale avaient été remis à une date ultérieure ; néanmoins je dus m'en occuper sérieusement, et ce fut un grand bien pour moi, car cela me préserva du désespoir. Bon gré mal gré, je fus obligé de me mêler au service, et, quoiqu'il m'en coûtât, d'oublier momentanément mes chagrins pour recevoir des ordres, en assurer l'exécution, ou les transmettre à qui de droit.

De nombreuses personnes me donnèrent, dans mon malheur, des témoignages d'intérêt et d'amitié dont je conserve précieusement le souvenir : Mgr de Guérines, M. de Villeneuve-Bargemon, M. de Lauriston, M. de Sesmaisons, toute la société de Nantes ; mes chefs eux-mêmes furent excellents pour moi. Ces témoignages de sympathie m'étaient certes bien doux, mais combien plus grandes encore sont les consolations que vous procure la soumission à la volonté divine, avec l'espoir de retrouver, dans un monde meilleur, les êtres chéris qui vous ont laissé derrière eux sur la terre !

Nous ne tardâmes pas à voir nous arriver le général de Rafelix Saint-Sauveur, que l'on nous avait annoncé comme très sévère. J'avais beaucoup travaillé pour me mettre en règle, cependant je redoutais toujours l'œil scrutateur d'un général expérimenté, quelquefois malveillant. Heureusement, j'eus affaire à un officier qui m'accueillit avec une bienveillance à laquelle j'étais loin de m'attendre. Toutes les parties du service furent examinées avec le plus grand soin; j'eus la satisfaction de ne donner lieu à aucune observation, chose bien rare avec MM. les inspecteurs généraux!

Quand la revue du personnel et du matériel fut passée, et que le moment vint de s'occuper d'une nouvelle organisation des brigades, je découvris avec stupéfaction que l'on en supprimait un grand nombre, et que l'on diminuait d'une unité celles que l'on conservait. Tout d'abord je ne me rendis pas compte du but de cette opération, néanmoins je voyais avec peine l'importance de mon commandement réduite presque de moitié. Les événements ne tardèrent pas à me faire comprendre où l'on avait voulu en venir. Le général Rafelix était parti de Paris avec les instructions du ministère Martignac; il s'agissait de préparer une révolution et de la rendre facile, et, pour ce, il fallait annihiler partout la force de résistance. Ainsi donc, sous le ministère Martignac, Bourmont étant ministre de la guerre, on désorganisait la gendarmerie dans tout le royaume ! Cela paraît monstrueux, mais on ne saurait s'en étonner, si l'on réfléchit que les bureaux des ministères, comme nous l'avons plusieurs fois répété, n'avaient jamais cessé d'être dirigés par les hommes de la Révolution ; que c'étaient eux qui prescrivaient les mesures à prendre, et qu'en arrivant au ministère, il n'était pas facile à M. de Bourmont d'aller fouiller dans tous les cartons, pour vérifier la nature des ordres envoyés aux inspecteurs généraux en tournée. Quoi qu'il en fût, nous étions bien sabrés dans la gendarmerie, et complètement incapables, désormais, de nous opposer à un mouvement populaire. Opérer une semblable réduction n'était pas d'ailleurs un mince travail ; il fallait choisir ceux qu'on garderait et trouver à caser les autres. Ceci n'était pas chose facile, étant donné surtout qu'on voulait opérer sans bruit. J'étais loin de me douter alors que je travaillais pour les révolutionnaires, aussi j'aidais de mon mieux le général dans son œuvre de désorganisation. Il fut très satisfait de moi, paraît-il, car il me donna un témoignage de confiance bien flatteur, et tout à fait inaccoutumé chez lui : il me chargea de transcrire, sur un registre *ad hoc*, les notes des officiers dont il venait de passer l'inspection. Celles des officiers de ma légion y étaient, me dit-il, et il me montra l'endroit du registre où elles se trouvaient, en me défendant de les lire, après quoi il sortit. Quand il rentra, il me dit : « J'ai mis votre curiosité à une rude épreuve, car je savais bien que vous n'auriez pas transgressé mes ordres. Eh bien, comme je sais que vous seriez content de connaître la vôtre, la voici, elle est courte. Tenez, lisez : « Bon officier ». Venez dîner avec moi ce soir, en bourgeois. Si vous veniez en uniforme, votre commandant et votre colonel seraient jaloux. Je ne veux pas d'eux ; c'est M. La Roche, et non le lieutenant La Roche qui viendra chez moi ». Cette invitation ne me plaisait qu'à demi, car je savais bien que mes chefs seraient jaloux tout de même, néanmoins il fallait obéir. Le général n'avait pas d'aide de camp, voilà pourquoi il m'employait à ses écritures.

L'inspection générale fut assez longue, malgré un froid intense : c'était le grand hiver de 1830 qui commençait. La neige couvrait la terre depuis six semaines. Nous étions aux premiers jours de janvier quand je reçus ma nomination dans la gendarmerie de Paris. S. A. R. Madame n'avait pas oublié la promesse qu'elle m'avait faite ; c'était à elle que je devais cette faveur, désirée par moi avec d'autant plus d'ardeur qu'elle était pour moi le seul moyen de faire mon chemin, et je *voulais* le faire, on sait pourquoi. J'avais toujours au cœur l'espoir d'obtenir la main de Mlle de C... ; ses parents ne me trouvaient ni assez riche ni assez avancé en grade pour me l'accorder, mais, à présent, je voyais l'avenir en rose, et je me sentais l'énergie nécessaire pour arriver à mon but, fût-ce au prix de mon sang.

XVI

Départ pour Paris. — Je fais la route à cheval. — Froid terrible. — Arrivée à Paris. — Le colonel de Foucauld. — L'accueil aimable que je trouve auprès de la famille royale excite la jalousie de mes camarades. — Affaire du bonnet de police. — Confusion des calomniateurs.

Ma nomination mettait le comble à mes vœux. Mes préparatifs de voyage furent bientôt faits; les visites d'adieu m'occupèrent davantage. Depuis mon arrivée à Nantes, j'avais eu le bonheur d'être en relations intimes avec les meilleures familles du pays; toutes me voulaient du bien et ne doutaient pas que mon nouvel emploi ne fût un acheminement vers un avancement prochain; mes supérieurs même partageaient cette manière de voir et me félicitaient de cette faveur, à laquelle ils étaient complètement étrangers.

Le mois de janvier fut terriblement froid. La neige couvrait la terre depuis plus de deux mois; il gelait à 14 degrés tous les jours. Le service des diligences s'effectuait difficilement, celui du roulage était interrompu. J'avais fait conduire mon cheval jusqu'à Saumur, par la correspondance de la gendarmerie. Je partis de Nantes vers la fin de cet affreux mois de janvier, résolu à faire la route à cheval, en longeant la Loire gelée à plus d'un pied d'épaisseur. La route était couverte d'une neige foulée, luisante et glissante. Je mettais souvent pied à terre pour me réchauffer, puis je faisais un bon temps de trot, et ainsi de suite. Chaque matin je partais au lever du jour, je laissais reposer mon cheval de midi à deux heures, et je marchais ensuite jusqu'à neuf heures du soir. Je faisais ainsi de douze à quinze lieues par jour. Doublant ainsi les étapes, je pus gagner quelques jours de repos que je donnai à ma famille, en passant par Blois. C'était mon premier retour dans cette ville depuis la mort de ma pauvre mère. Avec de si triste souvenirs, il nous fut difficile d'être bien gais, néanmoins je reçus les cordiales félicitations de tous, avant de reprendre la route d'Orléans, où je devais trouver une autre partie de ma famillle.

Le froid avait encore augmenté d'intensité; il s'élevait à 14 degrés Réaumur. J'avais le vent dans la figure; sur ma route je ne rencontrais d'autres créatures vivantes que des corbeaux faméliques, cherchant en vain quelque pâture. Cependant je ne souffrais pas trop de la température ; j'étais chaudement vêtu, j'étais jeune et bien portant, et j'avais au cœur un espoir qui me réchauffait. A Orléans ma sœur, Mme Liber, m'attendait avec impatience. Je passai vingt-quatre heures bien douces auprès d'elle, de son mari, et de ses deux filles, puis je repris le cours de mon voyage. Je n'étais pas à deux lieues d'Orléans que le temps changea brusquement ; le dégel commença. Il tombait une sorte de givre, qui, s'étendant sur la neige, formait un verglas si glissant que mon cheval ne tenait plus sur ses jambes, malgré les crampons à glace dont j'avais muni sa ferrure.

Pendant la nuit, le dégel fut complet, et je pus gagner Paris sans encombre. Je me rendis tout de suite chez M. de Foucauld, mon colonel. Grâce aux recommandations de Mme de Bermonville, avec laquelle il était très lié, il me fit un excellent accueil. Il m'avait affecté à la 3e compagnie, casernée au Faubourg Saint-Martin. Muni d'un petit mot de lui, je me présentai à mon capitaine commandant. Ce dernier me reçut très bien aussi ; il me conduisit à l'appartement qui m'était destiné, et que je trouvai splendide pour un officier de mon.

grade. Les officiers de la gendarmerie de Paris étaient logés par la ville, et la municipalité faisait grandement les choses.

Je dus me meubler d'une façon convenable. Ceci absorba mes ressources financières, tout en me causant un plaisir très vif. J'étais donc bien installé, reconnu dans mon grade devant la troupe en armes ; il ne me restait plus qu'à faire mes visites d'arrivée aux officiers de gendarmerie de Paris.

Ce fut pour moi une grande joie de pouvoir reprendre mes relations, si agréables, avec la famille de Bermonville. J'y courus aussitôt arrivé, et j'y trouvai l'accueil que mon cœur attendait.

Les officiers du corps me reçurent aimablement, j'envisageais l'avenir sous les plus riantes couleurs. Mais je comptais sans la basse envie. Il était d'usage que les officiers de gendarmerie nouvellement installés fussent présentés au roi, aux princes et aux princesses de la famille royale, par M. de Foucauld, notre colonel, qui présentait en même temps un certain nombre d'officiers anciens en grade appartenant à d'autres corps. Charles X était gracieux pour tous, mais, ce jour-là, il le fut particulièrement pour moi, ayant appris que j'avais servi dans les gardes du corps. Cette amabilité fut remarquée jalousement par les officiers admis à l'audience, mais ce fut bien autre chose quand, présentés en groupe à S. A. R. Madame la duchesse de Berry, la princesse vint me trouver au milieu d'eux, me félicita de mon arrivée à Paris, et m'invita à l'aller voir souvent, en ajoutant que mes visites lui feraient toujours grand plaisir. Cet accueil flatteur parut satisfaire le colonel de Foucauld, déjà bien disposé à mon égard, mais il produisit un effet diamétralement opposé sur les autres officiers, qui, tous, virent en moi un favori du roi et des princes, pour lequel serait tout l'avancement, toutes les faveurs.

J'avais cru devoir me présenter chez un officier de la gendarmerie départementale de la Seine, rencontré jadis chez le baron de Conontré, à Villevaux, près de Montfermeil. Il me reçut à bras ouverts et m'engagea à venir tous les jeudis aux soirées de M. Hyvert, chef du bureau de gendarmerie, où je rencontrerais un grand nombre d'officiers dont il serait avantageux pour moi de faire la connaissance. J'acceptai volontiers, ne sachant pas de quoi il s'agissait. L'officier en question vint me rendre ma visite. Ses yeux s'étant portés sur mon alcôve, où était pendu un crucifix qui avait appartenu à ma mère, et qui avait pour moi la double valeur de l'art et du souvenir, je vis sur sa figure l'expression d'un étonnement fâcheux. La conversation changea subitement de ton, il ne fut plus question des fameuses réunions du jeudi. Mon hôte me quitta en me saluant presque froidement.

En sortant de chez moi, ce personnage alla trouver plusieurs officiers de mon corps, ses compères, et leur dit que j'étais *un jésuite* (c'était la grande injure à la mode), qu'il avait vu près de mon lit un christ *d'un mètre de haut*, et qu'il fallait me faire déguerpir au plus vite. Cette proposition trouva de nombreux adhérents parmi ceux dont ma réception aux Tuileries avait excité la jalousie ; ma perte fut décidée par eux. On trouvait alors *des frères et amis* jusque dans les gardes du corps ; l'un d'eux voulut bien se rappeler qu'après la mission de 1822, j'avais restitué publiquement, au corps de garde du quai d'Orsay, un bonnet de police que j'avais *volé* à l'un de mes camarades. J'avais bien fait, ajouta le calomniateur, de quitter les gardes, car sans cela j'en aurais été chassé. Ce bruit prit une telle consistance que le colonel m'en parla. Tout d'abord je tombai des nues, mais, à force de chercher dans mes souvenirs, je me rappelai qu'un jour, étant de garde à l'hôtel, un de mes camarades, nommé Montjoie, s'était plaint d'avoir perdu son bonnet de police depuis plusieurs mois. « Parbleu, lui avais-je répondu, c'est peut-être lui qui est dans ma chambre ». Et je le lui avais descendu. Personne ne s'en était étonné. Montjoie venait souvent faire de la musique avec moi, et il avait laissé son bonnet dans ma chambre. Là-dessus nous étions partis en congé. Retrouvant ledit bonnet à mon retour, et ne sachant à qui il appartenait, j'en avais parlé à mes camarades, mais personne ne le réclamant, je l'avais relégué au fond d'une armoire. La chose était la plus simple du monde; cependant, jusqu'à ce que j'eusse pu découvrir dans quel régiment était Montjoie (il avait aussi quitté les gardes), jusqu'à ce que j'eusse reçu de lui une lettre proclamant, dans les termes les plus flatteurs, ma parfaite honorabilité, il fallut que mon ancien colonel, l'adjudant-major des gardes du corps, et le duc de Monchy lui-même intervinssent pour arrêter l'odieuse persécution excitée contre moi par les haines antireligieuses et politiques, appuyées par de basses et ignobles jalousies. Mes anciens chefs firent une démarche collective auprès du colonel de Foucauld, pour lui déclarer que j'étais considéré comme un des meilleurs sujets de la maison du roi. La lettre de Montjoie, d'ailleurs, expliquait si naturellement les choses que mes persécuteurs furent honteusement confondus. Le colonel de Foucauld se conduisit très correctement dans la circonstance ; il fit connaître à tous ses officiers les témoignages d'estime et d'intérêt que mes anciens chefs lui avaient fournis à mon égard, et il leur communiqua la lettre de Montjoie. Ce dernier manifestait, en termes énergiques, l'indignation que lui causait l'idée qu'on eût pu concevoir l'ombre même d'un soupçon envers moi, son ami, que, disait-il, « il avait toujours aimé, estimé, et même admiré, sans avoir jamais pu l'imiter ». La méfiance, l'éloignement, et disons le mot, le mépris qu'on me témoignait firent place à des sentiments tout contraires ; mes relations avec mes camarades et mes supérieurs devinrent excellentes, mon existence fut désormais heureuse et tranquille.

XVII

Ma liaison avec les Bourmont. — J'ai l'occasion d'aller en Afrique et je n'en profite pas. — Malversations au ministère de la guerre. — Chagrin du général Clouet. — Mme du Haussoire. — Charles X et la Chambre. — Arrivée du roi de Naples. — Un bal au Palais Royal. — Émeute dans le jardin. — Je disperse brutalement les mutins. — Arrestation du journaliste Briffaut. — Lâcheté du tribunal.

On a vu comment la calomnie, arme favorite des révolutionnaires, aurait causé ma perte si la Providence n'était venue à mon secours. Quelle n'eût pas été la fureur de mes ennemis, s'ils avaient connu mon intimité avec les fils du ministre de la guerre, grâce à laquelle j'étais reçu chez celui-ci comme un fils de la maison! Cependant la crainte d'aigrir les récriminations des envieux me fit consommer un sacrifice, dont personne ne saurait concevoir l'amertume. J'étais à même de partir pour l'Afrique, le plus cher de mes vœux! Aimé de Bourmont me l'avait proposé, mais l'officier de gendarmerie désigné précédemment pour l'emploi vacant était plus ancien que moi, et il désirait passionnément, lui aussi, faire campagne. Je ne voulus pas lui couper l'herbe sous le pied. Mes camarades ignorèrent ma délicatesse, mais le ministre et ses fils m'en surent gré.

J'eus, quelque temps après, l'occasion de faire une visite au bon général Clouet, le bras droit de M. de Bourmont au ministère de la guerre. Il était chargé de la direction du matériel, service très délicat à cause des marchés passés avec les fournisseurs. Cet officier général me découvrit l'amertume de son cœur : il avait entre les mains les preuves de tripotages abominables; il en avait parlé au ministre, et celui-ci lui avait demandé un rapport. Mais pendant que lui, Clouet (1), rassemblait les documents nécessaires pour étayer ses accusations contre les fournisseurs, les coupables avaient *entortillé* le trop confiant maréchal de façon telle que, le jour où le rapport en question fut prêt, Bourmont ne voulut même pas y jeter les yeux et lui dit : « Général, vous exagérez les choses ». C'est ainsi que cela se passait, dans

(1) Le général Clouet avait reçu le commandement de toutes les forces insurrectionnelles de la rive droite de la Loire, en 1832. Le soulèvement ayant échoué, il combattit héroïquement à Chanay à la tête d'une poignée de paysans et parvint à se dégager.

tous les ministères, sous la Restauration.

Je ne tardai pas à me mettre au courant de mon nouveau service. Il me plaisait beaucoup et me laissait des loisirs que je partageais entre l'étude, les visites à l'hôpital Saint-Louis (où je faisais le catéchisme aux enfants dartreux) et la fréquentation de la bonne compagnie, dont Mme de Bermonville m'avait inspiré le goût. Elle m'avait, on le sait, conduit chez Mme Hyvert, qui me faisait l'honneur de me témoigner beaucoup d'amitié. Il y avait toutes les semaines, chez cette excellente femme, des réunions charmantes. J'y avais rencontré jadis la famille du Haussoire, que je retrouvai habitant dans mon voisinage. Mlle du Haussoire, longtemps restée fille par dévouement pour sa mère, venait, quoique d'un certain âge, d'épouser M. Lucerne de Subligny, général attaché à l'ambassade d'Espagne, et veuf d'une Espagnole dont il avait eu une fille (celle-ci est venue nous voir, aux Boisselées (1), il y a trois ou quatre ans). Cette excellente famille était pour moi une ressource précieuse, à Paris où les distances entre gens qui se connaissent sont ordinairement si grandes. Mme du Haussoire était octogénaire; elle m'avait

(1) Ces lignes ont été écrites par M. La Roche, en 1860. Il habitait alors sa propriété des Boisselées.

en très vive affection et me considérait comme un de ses enfants. Mme de Bermonville me réclamait souvent aussi. Après les orages qui avaient éclaté sur ma tête, je jouissais avec plus de délices du calme de ma vie présente.

Le pauvre Charles X n'en pouvait pas dire autant. L'esprit révolutionnaire avait gagné presque toutes les têtes. La Chambre des députés, composée d'hommes ambitieux et malintentionnés, avait présenté au roi une adresse, en réponse à son discours d'ouverture, adresse déclarant nettement qu'elle n'acceptait pas son ministère. Le roi, très mécontent, traita de factieux les membres de la commission qui la lui avaient présentée et les chassa de sa présence.

Peu de temps après, le roi de Naples passa par Paris, en revenant de conduire en Espagne sa fille Marie-Christine, qui venait d'épouser Ferdinand VII. Il était le père de Madame la duchesse de Berry et le frère de Marie-Amélie, duchesse d'Orléans. J'étais de garde au Palais-Royal, en juin 1830, le jour où le duc d'Orléans donna un grand bal, pour fêter son beau frère. Le roi et toute la cour y étaient invités, en même temps que toutes les notabilités du libéralisme. Pour faire de la popularité, le duc avait déclaré « ne pas vouloir de baïonnettes » autour du palais, et se confier à la garde du *bon peuple.* Aucune mesure de police n'avait été prise ; je n'avais avec moi que trente hommes, comme pour le service ordinaire.

Il faisait un temps superbe ; nous nous amusions à voir passer les invités, parmi lesquels je reconnus les chefs du parti libéral qui s'étaient fait mettre à la porte par le roi, quelques jours auparavant. Je fis à mes gendarmes cette réflexion : « Je ne suis pas roi de France, mais si j'avais chassé des gens qui seraient venus m'insulter, et qu'un de mes cousins les invitât chez lui en même temps que moi, je le prierais de choisir mieux sa compagnie à l'avenir quand il voudrait m'avoir » !

Le roi entrait à peine au Palais-Royal que M. de Rumigny, aide de camp du duc d'Orléans, vint me prévenir qu'il y avait du désordre dans le jardin, et me pria d'envoyer des gendarmes pour le réprimer. Je lui fis observer que le prince ayant refusé le concours de la force armée, j'en étais réduit à l'effectif du service ordinaire, et que je ne pouvais mettre à sa disposition qu'un nombre d'hommes très insuffisant. Douze gendarmes sur trente partirent avec lui. Je me hâtai d'envoyer une estafette, à la caserne Saint-Martin, demander le piquet de service; j'en envoyai une autre au colonel, pour l'informer de ce qui se passait. Peu d'instants après, mes douze gendarmes rentraient tout effarés, m'assurant qu'il n'y avait pas moyen de pénétrer dans le jardin; qu'à peine s'étaient-ils montrés, une grêle de chaises leur avaient été lancées; la foule était si compacte que la cavalerie seule pourrait en avoir raison. M. de Rumigny revint au même instant, plus effrayé encore que les gendarmes : le désordre était à son comble, me dit-il; on assiégeait le prince dans son palais, on mettait le feu aux chaises entassées en monceaux; les boutiques étaient menacées du pillage.

Le renfort demandé par moi ne pouvait arriver de si tôt. Je laissai une dizaine d'hommes à la garde du poste, et je pris le reste avec moi. Arrivé sous le vestibule du palais, le colonel de Rumigny mit à ma disposition le poste d'infanterie de la garde, composé d'une vingtaine de grenadiers. J'avais à peu près le même nombre de gendarmes. Je me mis à leur tête, l'épée à la main, et nous chargeâmes la foule avec tant de vigueur que les mutins, qui venaient à notre rencontre armés de chaises pour nous les jeter à la tête, furent eux-mêmes renversés à terre en un clin d'œil. Une partie fut arrêtée. La foule, brutalement repoussée, éprouva un tel contre-coup qu'un nombre considérable d'hommes et de femmes furent précipités pêle-mêle dans le bassin. Ils en furent quittes pour un bain. Cette charge nous permit d'arriver jusqu'aux carrés faisant face à la galerie vitrée où se trouvaient des pyramides de chaises auxquelles on avait mis le feu. Je fis arrêter toutes les personnes trouvées dans ces carrés. Je donnais l'ordre de les conduire au poste du Château-d'Eau, quand un grand gaillard, d'une force herculéenne, hurla à tue-tête : « Il faut les délivrer » ! Je lui mis la main au collet, mais il était si fort qu'il m'entraînait avec lui. Quelques gendarmes, me voyant engagé, vinrent à mon aide et s'emparèrent du factieux. Ce dernier se débattit si furieusement qu'il n'avait plus aucun vêtement sur lui en entrant au violon du poste.

Revenu dans le jardin pour tâcher de rallier ce qui me restait de troupe, je vis les grenadiers de la garde qui faisaient le moulinet en tenant leurs fusils par le bout du canon, pour se dégager de la foule. Les émeutiers les avaient rendus furieux en leur jetant des lampions allumés, qui les avaient aspergés de suif. Pendant ce temps, monté sur une chaise, une espèce d'énergumène pérorait la foule et l'excitait contre la force armée. Je m'approchai de lui et l'engageai à se taire. Notre homme n'en cria que plus fort « qu'on assommait le peuple à coups de crosse, et qu'on regardait les ouvriers comme un ramassis de bêtes féroces ». Je le fis immédiatement arrêter, et conduire au violon avec les autres. Mais cet individu, sans tenir compte de mes avertissements, persévérait dans sa rébellion, avec l'intention marquée d'exciter le désordre et de mettre le comble à notre embarras, peut-être même notre vie en danger, car il voyait fort bien que nous étions débordés par le nombre. Pendant un instant, par suite du départ des personnes tombées dans le bassin, qui étaient allées changer de vêtements, la foule nous sembla un peu moins dense, mais elle devint bientôt si compacte qu'il était presque impossible de circuler. Les perturbateurs continuaient leurs vociférations et leurs injures contre les invités qu'ils apercevaient dans les appartements du duc d'Orléans, à travers les croisées.

Chez le prince, l'inquiétude allait toujours croissant; le roi s'en entretenait avec lui quand enfin arriva le renfort demandé par moi. Un brigadier des gardes du corps, M. Thévenec, se trouvait en ce moment auprès de Charles X; il m'aperçut à la tête des nouveaux gendarmes. Ceux-ci étaient parvenus, non sans effort, à me rejoindre à travers la foule. M. Thévenec s'efforça de tranquilliser le roi et le duc d'Orléans (celui-ci très effrayé de l'attitude de son *bon peuple*), en leur disant qu'il connaissait mon énergie et que tout ce tapage ne tarderait pas à cesser. Effectivement je déployai mes hommes en bataille sur une seule ligne, devant la galerie vitrée, face au jardin, je fis exécuter un roulement de tambour, pour avertir la foule d'avoir à se disperser, puis je commandai : « En avant »! Nous refoulâmes devant nous la multitude qui s'écoulait par toutes les portes. On avait soin de fermer les grilles derrière nous, aussitôt le terrain déblayé. Devant moi se trouvait un grand monsieur, semblant mettre beaucoup de mauvaise volonté à sortir. Je l'invitai poliment à marcher un peu plus vite : il me répondit « qu'il n'était pas pressé ». Le poussant alors vigoureusement, je lui dis que moi je l'étais, et que cela suffisait. Il se retourna en levant sa canne et en me demandant mon nom. « Je m'appelle officier de gendarmerie, lui répondis-je, en lui appuyant lourdement sur l'épaule le pommeau de mon épée; je fais mon service, et je vous engage à décamper vivement, si vous ne désirez pas finir la nuit au violon ». Mon homme pressa le pas, quoique de très mauvaise grâce, et, au bout d'un quart d'heure, le jardin du Palais-Royal était vide. Les portes étaient fermées, des patrouilles à cheval circulaient dans les rues voisines, le calme était complètement rétabli.

En rentrant au poste, je trouvai dans le vestibule le colonel de Rumigny. Cet officier me fit de grands remerciements de la part du duc d'Orléans. Je congédiai le piquet que j'avais demandé, et un autre que le colonel de Foucauld m'avait envoyé, après quoi, je me disposai à prendre un peu de repos, car j'étais très fatigué. Je venais de m'asseoir dans un fauteuil quand le maréchal des logis entra et m'avertit que, parmi les personnes arrêtées, il se trouvait un écrivain distingué qui devait souffrir de se trouver en prison avec une foule de voleurs et de forçats libérés, ivres presque tous et vomissant les uns sur les autres. Cet écrivain était l'individu auquel j'avais mis la main au collet. Je donnai l'ordre de me l'amener, pour lui proposer gracieusement de passer la nuit avec moi, dans mon cabinet. Je lui demandai son nom. Il me dit s'appeler Eugène Briffaut, et être journaliste. Il ajouta que notre conduite était infâme et qu'il allait la signaler à l'indignation publique. Ce langage refroidit sensiblement mes bonnes dispositions à son égard. Je le renvoyai dans son bouge, où il resta jusqu'au lendemain onze heures. On vint alors le prendre pour être interrogé par le commissaire de police.

Je passai une partie de la nuit à rédiger mon rapport sur les événements, et, suivant l'usage, en descendant de garde, j'allai le remettre en mains propres au colonel. Je fis connaître à M. de Foucauld qu'il m'avait été facile de remarquer dans la foule un état de surexcitation extraordinaire, et que, très certainement, si je m'étais montré moins énergique, le mouvement aurait pu dégénérer en tentative de révolution; que, d'ailleurs, les individus les plus compromis étaient des malfaiteurs auxquels on avait distribué de l'argent. Presque tous les mutins étaient ivres, excepté M. Eugène Briffaut, dont l'insolence avait été extrême.

Le colonel me conduisit chez M. Mangin, préfet de police nouvellement installé, pour lui expliquer la gravité des circonstances dans lesquelles j'avais fait arrêter ledit Briffaut. Nous y trouvâmes ce dernier dans un état de fureur inexprimable, et cependant le commissaire de police l'avait fait mettre en liberté après l'avoir interrogé. Pourtant il fut traduit en police correctionnelle, comme ayant péroré la foule pour l'exciter contre la force armée. Je fus appelé en qualité de témoin, et je déclarai que, en dépit de mes avertissements, M. Eugène Briffaut avait persisté dans sa rébellion avec une violence extrême. Mais, malgré ma sévère déposition, le tribunal lui infligea seulement *deux jours de prison*. Cette condamnation dérisoire, une telle faiblesse de la part des juges, une impunité aussi scandaleuse étaient pour le gouvernement l'indice d'une chute imminente. Elle ne tarda guère à se produire : les événements que je raconte se passaient très peu de temps avant les journées de Juillet.

XVIII

Commencement des troubles. — J'occupe le poste de la place Vendôme. — Charges sur le boulevard. — Attaque de la barricade des Bains chinois. — Échauffourée de la Madeleine. — Dernier dîner ministériel. — Etrange inconscience du gouvernement. — Symptômes de défection. — Pénibles pressentiments.

Je ne m'étais pas trompé sur la disposition des esprits lors des troubles du Palais-Royal. Quelques semaines plus tard paraissaient les fameuses ordonnances, que la trahison et la mauvaise foi ont accusées d'être illégales (1), et que cependant le roi avait bien le droit de lancer. Mais l'insubordination et l'audace étaient fomentées depuis longtemps par les efforts incessants de la Révolution, maîtresse de la presse. Avec une perfidie habilement déguisée,

(1). Ces ordonnances étaient certes inopportunes, mais au point de vue de la légalité, il est curieux de voir La Fayette, dans ses *Mémoires*, les déclarer parfaitement *légales*, et Armand Marrast écrire de son côté : « Ou il faut reconnaître la légalité des ordonnances faites en vertu de l'article 14, ou il faut nier la charte de Louis XVIII ».

la malveillance inventait chaque jour les contes les plus absurdes, les plus calomnieux, les plus dangereux contre la royauté. Un grand nombre d'écrivains, ambitieux et distingués, avaient voué à la Restauration une haine implacable; ils l'avaient communiquée aux masses, toujours prêtes à se laisser conduire aveuglément par les meneurs.

J'étais de semaine le 26 juillet 1830; j'eus l'honneur de recevoir la visite de Mgr de Guérines, évêque de Nantes, et de M. Vrignaud, son secrétaire. J'eus par eux la première nouvelle des ordonnances, dont la publication devait être si fatale. J'étais bien loin alors de partager les inquiétudes du vénérable prélat à leur égard. Je croyais que nos épées suffiraient à tout. Le lendemain, de très bonne heure, nous fûmes passés en revue par notre colonel, dans la cour de la caserne Saint-Martin. Nous étions tous à cheval. M. de Foucauld avait depuis longtemps commencé son inspection, quand une estafette arriva au galop, lui portant l'ordre d'envoyer immédiatement sur la place Vendôme les piquets disponibles. Étant de semaine, je fus désigné pour partir le premier avec trente gendarmes à cheval. Aussitôt arrivé, un officier d'état-major m'assigna le poste de l'hôtel des relations étrangères. Au moment où j'entrais dans la cour pour en prendre possession, une grêle de pierres, parties du boulevard, furent lancées dans les vitres de l'hôtel et nous tombèrent sur la tête. Je mis pied à terre et me rendis immédiatement dans le cabinet du ministre, le prince de Polignac, pour lui demander des ordres. « Monsieur l'officier, me dit-il, il faut repoûsser la force par la force. » — « Merci, prince, » lui répondis-je. Deux minutes plus tard j'étais à cheval, à la tête de mes gendarmes et le sabre à la main. En un clin d'œil je dispersai l'attroupement qui s'était formé sur le boulevard, et qui s'était déjà livré à des voies de fait sur l'hôtel du ministre. Comme j'y allais vigoureusement, personne ne songea à résister.

Il faisait une chaleur écrasante. Cette première bousculade m'avait donné soif. J'entrai dans un café, de l'autre côté du boulevard, au coin de la rue Caumartin. L'établissement était rempli par une partie des émeutiers dispersés par moi. Ils firent une singulière figure en me voyant entrer seul, et demander tranquillement un verre de sirop de groseille. Je les regardai de façon à leur montrer que je n'étais pas disposé à me laisser entourer. Je vidai mon verre, je jetai l'argent sur le comptoir, et je sortis à reculons, en fixant des yeux menaçants sur mes adversaires. Mais une fois dehors, j'eus un soupir de soulagement, car je venais de l'échapper belle! Je me hâtai de rejoindre mon poste, et je me mis en devoir de procurer à mes braves gendarmes des rafraîchissements dont ils avaient un aussi grand besoin que moi.

Les attroupements ne tardèrent pas à se reformer, il fallut de nouveau mettre le sabre à la main. A mesure que le temps s'écoulait, l'audace des factieux augmentait. Certains individus venaient insulter le ministre jusque sous les fenêtres de son hôtel. J'en arrêtai plusieurs. Pendant cette première journée et la soirée qui suivit, je parvins à les faire conduire à la conciergerie. Il me fallut tenir tête à la foule ameutée jusqu'à minuit passé. Nous pûmes seulement alors prendre quelques heures de repos, dans la cour de l'hôtel, bien convaincus que le tapage recommencerait le lendemain, de bonne heure.

Effectivement, dès huit heures du matin (28 juillet), la circulation devint active autour de nous; la foule grossit de minute en minute. Bientôt les rassemblements prirent une attitude menaçante. Je commandai « à cheval »! je fis mettre le sabre à la main, et, après les sommations d'usage, je dégageai les abords du boulevard. Comme je rentrais à mon poste, j'aperçus une foule compacte dans la rue de Luxembourg. Je me dirigeai de ce côté, au galop; car les allures vives impressionnent toujours les masses. Les émeutiers s'enfuirent dans la direction de la rue de la Paix ; nous les poursuivîmes sévèrement, mais ils disparurent soudain comme par enchantement : des boutiquiers les avaient recueillis dans leurs magasins dont ils avaient fermé aussitôt les devantures. Je me disposais à rentrer à l'hôtel des relations extérieures, quand je fus requis par un officier d'état-major de charger un autre rassemblement, qui débouchait par le boulevard et envahissait la rue de la Paix. Je formai le peloton en bataille, je pris la droite de la ligne, et je commandai : « En avant — Au galop — Marche » ! Nous partîmes à une allure si vive que les projectiles lancés sur nous des deux côtés de la rue ne nous atteignaient pas. Arrivé près du boulevard, mon cheval, tournant trop court, vint s'abattre sur le trottoir. Le peloton, lancé à toute vitesse, me dépassa. Je restai seul, la jambe prise sous ma monture; les émeutiers en profitèrent pour me cribler de pierres, dont, heureusement, les plus grosses furent amorties par mon chapeau. Je parvins à dégager ma jambe de dessous mon cheval, qui se releva. Il y avait des dames au balcon de l'entresol, dans la maison devant laquelle j'étais tombé ; me croyant blessé, elles me supplièrent de me réfugier chez elles, mais je les remerciai, et je sautai vivement en selle. Un pistolet à la main, je poursuivis mes agresseurs. Ils se sauvèrent dans la rue Basse-du-Rempart; tous avaient des pierres à la main. Je tirai un coup de pistolet dans le tas; je vis des pierres tomber à terre et des visages pâlir.

Mes gendarmes ne tardèrent pas à me rejoindre. L'officier d'état-major, qui nous avait suivis, me donna l'ordre de rester en bataille sur le boulevard, pour barrer l'entrée de la rue de la Paix. Je lui fis observer que je n'étais pas disponible, et que l'hôtel du ministre des relations extérieures, dont on m'avait confié la garde, se trouvait complètement dégarni. Il insista, il allait, me dit-il, assurer, en mon absence, la sécurité du ministère. J'occupais la même position depuis une heure, les émeutiers s'étant portés ailleurs, quand je reçus du prince de Polignac le billet suivant :

« Le président du conseil des ministres ordonne à M. l'officier de gendarmerie de service à l'hôtel des relations extérieures de rentrer à son poste ».

J'exécutai cet ordre avec empressement, car nous avions grand besoin de repos, nous et nos chevaux. Le prince me mit au courant de la situation : Paris était en état de siège, tous les crimes et délits relevaient, maintenant, de l'autorité militaire. Je devais m'approvisionner de cartouches à l'état-major. J'en reçus plus de trois mille, mais d'un calibre trop fort pour nos pistolets! Nous fûmes obligés d'allonger les balles à coups de marteau, pour en diminuer le diamètre, et de refaire les cartouches. Cela eut le bon côté d'occuper les gendarmes. Sur ces entrefaites, le poste s'augmenta de quatre-vingts hommes d'infanterie du 5e léger. Je reçus ce renfort avec un certain plaisir, car, d'heure en heure, notre position devenait plus critique. On venait de m'avertir qu'une barricade se construisait sur le boulevard des Capucines, en face des Bains chinois. J'avais déjà fait monter à cheval pour l'attaquer, et je m'étais mis en marche, quand je reçus encore du prince l'ordre de rentrer à l'hôtel.

Un détachement de la garde royale à cheval arrivait à ce moment. L'officier qui le commandait se lança si impétueusement contre la barricade qu'il en atteignit le sommet d'un seul élan. Ce fut, hélas ! pour y trouver la mort.

Je demandai aussitôt l'autorisation de le venger. Disposant ma troupe pour le combat à pied, je formai une section composée moitié de voltigeurs, moitié de grenadiers. Je saisis une carabine, et je m'avançai dans la rue Basse-du-Rempart, réglant ma marche sur celle des grenadiers à cheval qui suivaient le boulevard, et dont j'apercevais seulement les sommets des bonnets à poil. Arrivé à cent pas de la barricade, l'officier qui avait pris le commandement des grenadiers à cheval et qui les ramenait à l'assaut, commanda un feu de peloton. Saisis de panique, les émeutiers voulurent se sauver par la rue Basse-du-Rempart. Je fis exécuter sur eux trois décharges successives, auxquelles je pris part avec ma carabine. Un grand nombre tombèrent sur le carreau ; les autres se réfugièrent dans les boutiques, *toujours ouvertes pour eux*. Les blessés et les morts avaient tous été enlevés déjà, quand nous arrivâmes sur le haut de la barricade, qui fut démolie à l'instant même. Cette leçon sévère calma, pour quelque temps, les insurgés. Je rentrai de nouveau à mon poste, laissant les soldats de la garde maîtres de la position. J'espérais pouvoir me reposer un peu, mais, à peine dans la cour, il nous fallût encore monter à cheval. Nous nous mîmes en bataille sur le boulevard, du côté de la Madeleine, un nombre considérable d'ouvriers arrivant de ce côté. Ils eurent l'audace de tirer sur nous, sans aucune provocation de notre part, uniquement parce que nous leur barrions le passage. Nous les chargeâmes et nous les poursuivîmes jusqu'à la Madeleine, qui, en ce moment, était en construction, et n'avait encore que les murs. Une pièce de canon de l'artillerie de la garde s'était mise en batterie au bout de la rue Royale; elle envoya un coup à mitraille sur les émeutiers. Ceux-ci furent tellement effrayés qu'ils ne savaient plus où fuir. Beaucoup se réfugièrent dans l'église, où j'entrai après eux. Je les fis prisonniers; tous demandaient grâce et merci (1). Je leur fis jurer sur l'honneur de ne plus prendre part à la révolte; ils me promirent, sans exception, de rentrer tranquillement chez eux. Ils tremblaient comme la feuille. Je leur accordai la liberté d'autant plus volontiers qu'il m'était absolu-

(1) Si la franc-maçonnerie n'avait pas fait germer la trahison parmi les officiers, si Charles X eût été plus brave et le duc d'Angoulême moins niais, si l'on n'avait pas confié le soin de défendre la royauté à des chefs sans fidélité, l'émeute eût été facilement écrasée. On ne peut lire sans écœurement, dans les *Souvenirs du général d'Hautpoul*, la façon lamentable dont les derniers Bourbons capitulèrent devant la révolution.

ment impossible de les incarcérer. Je fis circuler mon peloton autour de la Madeleine et sur le boulevard, jusqu'à ce que le rassemblement, composé uniquement d'ouvriers, se fût tout à fait dissipé.

Nous rentrâmes à l'hôtel.

Il était temps de prendre un peu de repos; nous étions harassés. J'appris que tous les ministres y étaient réunis en conseil. J'eus le très grand honneur d'être invité au dîner ministériel qui suivit... et qui devait être le dernier; mais personne ne s'en doutait pourtant, car les rapports envoyés sans interruption au président du conseil ne contenaient rien d'alarmant. Le duc de Raguse vint en personne, pendant le dîner, assurer à M. de Polignac qu'il était maître de tous les points stratégiques importants, et que l'émeute était vaincue partout. Les visages des convives reflétaient la confiance la plus absolue. M. de Peyronnet, ministre de l'intérieur, me demanda tout haut le nombre de mes prisonniers. Sur ma réponse que j'en avais rempli les caves de l'hôtel, il me répondit, avec un air de parfaite assurance : « Bravo ! cela va bien ! demain nous enterrons le reste ». Effectivement c'eût été bien facile, si tout le monde avait fait son devoir.

Il était déjà tard quand le dîner finit.

La circulation devenait intense. Paris prenait un air sinistre; on se sentait le cœur serré; il y avait quelque chose d'inquiétant dans l'air. Des groupes se formaient partout; ils se laissaient dissiper sans résistance, mais pour se reformer aussitôt.

Sur les dix heures du soir, cependant, je fus averti que l'on travaillait à reconstruire la barricade des Bains chinois. Je proposai au capitaine du 5e léger de l'attaquer avec moi. Il fit aussitôt prendre les armes à sa compagnie. Un voltigeur, se détachant des rangs, vint, presque en rampant, le tirer par le pan de son habit, et lui dire : « Mon capitaine, ne marchons pas » ! Ces mots me remplirent d'une telle indignation que je renvoyai à sa place le mauvais soldat, avec des paroles fort dures. Mon respect pour l'uniforme français m'empêcha seul de lui envoyer ma botte quelque part. Je fus très étonné du calme de son capitaine, qui, néanmoins, fit son devoir quelques instants plus tard. Cet officier et moi, nous nous portâmes vers la barricade, mais les mutins s'enfuirent à notre approche, et nous la fîmes détruire une seconde fois, sans éprouver aucune opposition, car la nuit s'avançait et les rues devenaient désertes. Avec quel délice nous nous allongeâmes sur des bottes de paille, placées pour nous dans la cour! Mais tous les quartiers n'étaient pas aussi tranquilles que le nôtre; malgré mon extrême fatigue, le canon qui tonnait au loin et le souvenir des événements de la journée m'empêchèrent de goûter un instant de sommeil.

Au milieu de la nuit, vers deux heures du matin, je me sentis le cœur étreint par une angoisse inexprimable. Chose curieuse, depuis cette époque, il est bien rare que je ne me réveille pas à la même heure, en proie à la même sensation pénible.

La nuit fut courte, car au mois de juillet le soleil se lève de bonne heure. Il nous fallut balayer rapidement la paille de la cour, panser nos chevaux et refaire notre paquetage pour la rude journée de combat qui se préparait. Nous finissions à peine ces préparatifs, quand nous dûmes monter vivement à cheval.

La Providence allait encore me protéger d'une façon manifeste, pendant ce fatal et dernier jour de combat.

XIX

Échec devant la barricade des Bains chinois. — Des Anglais distribuent de l'argent aux émeutiers pour les exciter à la rébellion. — Un scrupule m'empêche de tuer Casimir Périer. — Attaque de la barricade. — Le général Exelmans fait cesser le feu. — Les troupes lâchent pied. — Situation critique de mon peloton. — Honteuse conduite d'un officier. — Je suis sauvé par Casimir Périer. — Départ pour Saint-Cloud et Versailles. — Fuite du roi et de sa famille.

La barricade des Bains chinois avait été encore une fois reconstruite pendant la nuit, et fortifiée de manière à ne pas nous laisser l'espoir de l'emporter sans éprouver la plus vive résistance. Plusieurs détachements d'infanterie de la garde avaient tenté vainement d'en approcher ; repoussés, ils étaient venus se masser devant l'hôtel des relations extérieures. Je me joignis à eux avec tous mes cavaliers, pour un nouvel effort, mais, comme eux, nous fûmes obligés de nous retirer. Je pris position derrière l'infanterie, pour l'appuyer en cas de tentative ultérieure. Le nombre des perturbateurs s'augmentait rapidement d'une multitude d'ouvriers, *excités par des Anglais qui leur distribuaient l'or à pleines mains* (1). J'aurais voulu pouvoir être partout à la fois. Je profitai d'un moment de repos, accordé aux détachements de la garde en attendant l'arrivée de l'artillerie, sans laquelle on ne pouvait désormais enlever la barricade, pour exécuter une charge à fond dans la rue Caumartin. Je dispersai une bande d'insurgés accourant pour renforcer les défenseurs de la barricade ; ils ne s'attendaient pas à être secoués de la sorte, car, malheureusement, sur tous les points *on les avait beaucoup trop ménagés*. En revenant sur le boulevard, au moment où nous mettions pied à terre, je reconnus M. Casimir Périer qui prenait congé des émeutiers et qui se disposait à rentrer chez lui. Je saisis la carabine

(1) Il est bien prouvé, quoique aucun historien ne l'ait fait suffisamment ressortir, que les hommes de Juillet, ouvriers, ou banquiers juifs et protestants, travaillaient, sciemment ou non, pour *venger* l'Angleterre de la conquête de l'Algérie. A Nantes, sur la colonne Louis XVI, on voit encore une plaque de cuivre portant une inscription significative, où les *ouvriers* (?) *anglais* témoignent de *leur admiration* pour les citoyens qui prirent part aux *Glorieuses*. Ces *pseudo-ouvriers* avaient l'admiration facile ; après le républicain Guépin, nous avons démontré autre part *(l'Insurrection de 1832 en Bretagne et dans le Bas-Maine*, Émile-Paul éditeur) que les héros de Juillet de la Loire-Inférieure firent si peu *face* à l'ennemi, que la plupart furent blessés en *un point diamétralement opposé à cette partie du corps*.

chargée du factionnaire du poste, et j'ajustai ledit Périer. Mais il était seul maintenant, et il me tournait le dos ; un scrupule me vint, je rendis la carabine au soldat. Ce fut une heureuse inspiration, car l'homme que j'épargnais ainsi allait sauver mes jours quelques heures plus tard.

Une pièce de canon vint enfin prendre position devant la barricade ; je m'établis à sa hauteur, avec mes hommes et la compagnie de voltigeurs du 5e léger. Nous alternions notre feu avec celui de l'artillerie, quand, au milieu de la fumée, je vis un mouchoir blanc s'agiter, et j'entendis ces mots : « Bonne nouvelle ! Bonne nouvelle ! Cessez le feu » ! Je m'approchai, et la personne qui prononçait ces mots me dit : « Je suis le général Exelmans, et je viens vous annoncer qu'une députation de la chambre des pairs part pour Saint-Cloud, pour demander au roi la suppression des ordonnances et un changement de ministère. Nous avons tout espoir que cette démarche va rétablir partout le calme. Cessons le feu jusqu'au retour de ces messieurs : il est inutile de répandre le sang davantage ».

Pendant cet entretien, le général et moi nous étions exposés aux balles des deux partis. Je l'invitai à venir s'expliquer à l'hôtel, où nous ne risquerions pas de nous faire sottement tuer, et où il pourrait plaider sa cause, si mauvaise que je la trouvasse. Surmontant les sentiments de méfiance que m'inspirait sa démarche, j'introduisis le médiateur dans le salon. « Après une entrevue avec le prince de Polignac, chez le duc de Raguse, nous dit le général Exelmans, M. de Semonville, M. d'Argout et deux autres pairs de France étaient partis pour Saint-Cloud, dans la voiture même du prince de Polignac; très certainement le roi accepterait les propositions de ces messieurs, pour arrêter une si regrettable effusion de sang ».

Un officier d'état-major, accompagné d'un individu qui semblait être l'aide de camp du général, proposa de monter à cheval et de porter à tous les postes l'ordre de suspendre le feu. Aussitôt cet ordre connu, la circulation se rétablit dans les rues ; la foule, grossie par de nombreux curieux, devint promptement si compacte que, pour se donner de l'air, l'artillerie dut aller occuper une nouvelle position sur la place Louis XV. Les détachements de la garde l'y suivirent, et mes gendarmes et moi nous demeurâmes isolés. La veille nous nous étions trouvés dans une situation semblable, et nous l'avions jugée fort dangereuse. En voyant partir les autres troupes, mes hommes montèrent à cheval et me sommèrent de suivre le mouvement. Je leur dis que je ne pouvais le faire sans ordre, que le poste avait été confié à notre fidélité, et que l'honneur nous commandait d'y rester jusqu'au dernier moment. — « Eh bien, nous partons tout de même, répondirent-ils ». — « Partez si bon vous semble, fis-je, moi je reste à mon poste ». Un gendarme sortit des rangs : — « Non, mon lieutenant, s'écria-t-il, vous êtes un brave, vous ne resterez pas seul. Je reste avec vous ». Et il mit pied à terre. Un autre l'imita, puis le peloton tout entier.

Sur ces entrefaites, un intendant du prince de Polignac, après avoir couru les plus grands dangers pour arriver jusqu'à nous, vint m'avertir qu'un bataillon de la garde, stationné dans la cour du Louvre, avait été pris de panique en apercevant des émeutiers dans les galeries, qu'il s'était enfui dans les Tuileries, entraînant dans sa déroute tous les autres corps de la garde, que le maréchal Marmont avait dû les suivre, et que le palais était abandonné.

Cette nouvelle me glaça d'effroi : la royauté paraissait gravement compromise, et moi je me trouvais dans une position terrible vis-à-vis de mes gendarmes, dont j'avais probablement causé la perte en les empêchant de partir. Je priai un officier d'état-major, qui, pendant ces trois jours, était resté presque constamment à l'hôtel, d'aller solliciter pour nous l'ordre de rejoindre les autres troupes. Je lui donnai deux hommes pour l'accompagner. Un quart d'heure après je vis revenir ces derniers, désespérés de n'avoir pu suivre l'officier. Arrivés rue Royale, ils avaient trouvé une foule compacte qui laissa passer l'officier d'état-major, mais qui leur tira des coups de fusil en criant : « Mort aux gendarmes » ! Ils n'avaient dû leur salut qu'à la vitesse de leurs chevaux.

Maintenant un silence de mort régnait autour de nous ; les rues étaient désertes, on y apercevait seulement quelques-unes de ces figures sinistres qui semblent surgir de terre dans les moments de grandes calamités. Des barricades s'élevaient partout dans le voisinage et nous encerclaient étroitement. Aucune retraite possible pour nous désormais, aucune chance de salut. L'idée me vint de mettre le feu aux deux mille cartouches restant encore au corps de garde et de sauter avec lui ; la vue de deux charmants enfants qui demeuraient à l'étage au-dessus m'empêcha de me livrer à cet acte de désespoir.

Je redoutais par-dessus tout les reproches de mes gendarmes ; je me torturais la cervelle pour découvrir un moyen de les sauver. Je crus en avoir trouvé un. La compagnie du 5e léger, de service avec moi depuis deux jours, reçut l'ordre de rentrer immédiatement à sa caserne. Je priai le capitaine de nous aider à sortir de la position critique où son départ allait nous laisser. Le peuple criait : « Vive la ligne » ! mais aussi : « Mort aux gendarmes » ! Nous pouvions marcher au milieu des soldats, en tenant nos chevaux par la bride, comme si nous étions leurs prisonniers ; nous rejoindrions de la sorte la caserne où nous serions en sûreté. Le capitaine, dont j'ai heureusement pour lui oublié le nom, me dit : « Tirez-vous de là comme vous pourrez, cela vous regarde. Moi, j'ai l'ordre de rentrer, et je pars ». Aussitôt, il commanda : « Par le flanc droit, par file à gauche » ! et il s'en alla, le cœur léger. Cette conduite m'indigna ; je m'attendais à tout autre chose de la part d'un officier avec lequel j'avais combattu et dont j'avais partagé les dangers. C'était une cruelle déception. Mes pauvres gendarmes étaient fort inquiets ; cependant il ne leur échappa aucun reproche, aucune plainte. Tous, ils avaient promis de ne pas me quitter, tous ils demeurèrent fidèles à leur parole jusqu'au dernier moment.

Avec mes deux mille cartouches, je pouvais bien, pendant un certain temps, soutenir une espèce de siège, mais après? Pour mettre fin à nos perplexités, voyant un groupe d'hommes très animés se former devant l'hôtel, je me présentai à eux tête nue, l'épée au fourreau, et je leur dis que j'avais encore une grande quantité de munitions, que, poussé à bout, je pourrais encore leur infliger des pertes très sérieuses, mais que s'ils voulaient nous laisser partir tranquillement, j'étais tout disposé à m'entendre avec eux. Pour toute réponse ils me sautèrent à la gorge : « Malheureux! criaient-ils, tu nous mitrailles depuis trois jours et tu t'imagines que tu t'en tireras comme cela »! C'en était fait de moi sans un brave et généreux garde national, qui s'interposa entre les assassins et moi, et qui réussit à m'arracher à leurs mains en me poussant dans la cour de l'hôtel. Fermant aussitôt la porte derrière moi, il me conjura de la barricader jusqu'à son retour, promettant de revenir bientôt me délivrer. Peu d'instants après commença un véritable siège. Il y avait dans le voisinage une maison en construction ; les insurgés y prirent des madriers et s'en servirent comme de béliers pour enfoncer le portail. Des échelles furent apposées aux murs, du côté du boulevard; elles furent bientôt couvertes d'hommes hurlant : « Gendarmes ! livrez-nous votre officier, nous ne vous ferons pas de mal, mais il nous faut votre officier ; lui seul est coupable, nous n'en voulons qu'à lui ». J'étais sur le perron ; mes braves gendarmes m'entourèrent et me dirent : « Il n'y a pas à hésiter, si vous restez avec nous, vous nous ferez tous écharper, parce que nous vous défendrons, mais il faut vous soustraire à la fureur de ces bêtes féroces ». Un intendant du prince de Polignac me fit alors conduire dans sa chambre, où il m'avait préparé des vêtements pour me travestir. Pendant que je les endossais, il s'efforça de calmer la fureur des garçons de bureau et du concierge qui voulaient à toute force me brûler la cervelle (1).

Au moment où j'achevais de me vêtir, la cour fut envahie par les assaillants, avec des hurlements effroyables. Ils voulurent inutilement forcer mes gendarmes à leur dire où j'étais caché. Nos armes chargées étaient restées le long des murs de la cour : j'entendis des déto-

(1) Le gouvernement de la Restauration avait décidément la main heureuse dans le choix de ses employés, subalternes ou autres !

nations se mêlant aux cris ; je m'imaginai qu'on fusillait mes hommes. Je récitai avec ferveur un *Salve Regina*, puis, ayant fait le sacrifice de ma vie, je sortais de la chambre pour m'offrir aux coups des assassins et sauver ainsi mes gendarmes, quand j'entendis M. Casimir Périer crier d'une voix de stentor : « Français! je suis député, élu de la nation, et c'est au nom de cette nation victorieuse que je viens vous prier de ne pas flétrir votre victoire par du sang inutilement répandu ». Pendant qu'il parlait, un jeune homme vint à ma rencontre, il me prit le bras et il me demanda de le suivre. Tous les émeutiers le saluèrent ; la porte, gardée par un insurgé, nous fut ouverte sans difficulté, et, peu d'instants après, j'étais introduit dans la maison de mon libérateur. M. Casimir Périer nous suivait, il me reçut chez lui avec une bonté que je ne saurais jamais reconnaître ni proclamer trop haut. Oh! oui! combien je me félicitais dans mon cœur, de n'avoir pas tiré sur lui!!! Je ne pouvais en croire mes yeux, tant j'étais étonné d'être encore vivant.

M. Casimir Périer avait appris, par une domestique du ministère, ma résolution de me livrer aux assassins pour sauver mes gendarmes ; il avait été très effrayé en me voyant descendre l'escalier. Après s'être interposé entre la canaille et moi, il m'avait envoyé chercher par le jeune homme dont j'ai parlé. M. Casimir Périer nous avait suivis de très près, pendant le trajet du ministère à son hôtel. Je crois encore entendre ses paroles : « Monsieur l'officier, me dit-il, vous êtes ici chez vous ; il ne vous sera fait aucun mal, on va vous servir à dîner. Nous n'avons que des éloges à vous faire sur votre zèle et sur votre courage : il est dommage que vous les ayez déployés au service d'une mauvaise cause, désormais perdue ». Puis, me tendant la main, il reprit : « Soyez des nôtres, et vous verrez que nous saurons récompenser vos services ». — « Monsieur, lui répondis-je, je ne pourrai jamais vous exprimer assez ma reconnaissance. Vous venez de me sauver la vie, mais j'ose vous demander de faire plus pour moi en me procurant les moyens de rejoindre mon drapeau ». — « Monsieur, vous êtes libre, me dit M. Casimir Périer avec une noble générosité. Avez-vous à Paris des parents ou des amis ? Je vais donner l'ordre de vous conduire chez eux ». Sur ma réponse affirmative, il pria le frère de M. Camille Jourdan et son fils de vouloir bien me servir de sauf-conduit. Nous descendîmes l'escalier ensemble ; M. Casimir Périer nous accompagna jusque dans la cour où tous nos chevaux avaient été conduits. J'y reconnus le mien, et je priai mon libérateur de me rendre un nouveau service en me faisant restituer mon cheval, la seule chose que je possédasse maintenant, car la caserne où je logeais avait été incendiée la veille, et tous mes effets et meubles avec elle. M. Casimir Périer me dit d'être bien tranquille à cet égard ; il me pria seulement de lui permettre d'utiliser mon cheval pour envoyer un message au général Gérard. J'ôtai moi-même la housse et les chaperons du paquetage, je les confiai au concierge, et j'ajustai les étriers à la taille de l'infortunée estafette, qui ne s'attendait guère à la chaude réception que la canaille lui réservait. La rue était pleine de révolutionnaires, furieux de me savoir réfugié chez M. Casimir Périer. Ils reconnurent mon cheval, et l'entourèrent avec des cris de cannibales. Pendant ce temps, je passais tranquillement derrière eux, donnant le bras à mes deux guides. J'arrivai sans encombre rue Bleue, chez Mme du Haussoire et chez son gendre, M. de Subligny, après avoir parcouru tous les boulevards où nous rencontrâmes seulement quelques hommes en guenilles, les uns avec une cuirasse de la garde sur leur blouse, les autres avec un casque, un shako, un bonnet à poil, un tambour, etc... tous armés de sabres ou de fusils. Je n'ai jamais rien vu de si horrible ni de si grotesque.

J'adressai mes remerciements les plus cordiaux à M. Jourdan et à son fils, et je les priai d'être les interprètes de ma reconnaissance auprès de M. Casimir Périer, puis j'entrai chez mes bons amis. Je les trouvai très anxieux à mon sujet. C'était l'heure du dîner ; je mourais de faim et de soif, car ma journée avait été si laborieuse que je n'avais eu le temps de rien prendre. A peine étions-nous à table qu'une détonation se fit entendre. Je crus un instant que ma retraite avait été découverte et que l'on me poursuivait encore; mais non, c'était tout simplement un jeune homme de la maison qui s'était fait émeutier, et qui, avant de retourner chez lui, avait trouvé gentil de crever la pompe de la cour d'un coup de fusil, pour décharger son arme.

Quelques instants plus tard, j'eus la surprise de me voir demander à la porte par deux gendarmes de mon peloton, habillés en bourgeois. Ils avaient appris où j'étais réfugié, et ils venaient se joindre à moi. Cette excellente Mme du

Haussoire se montra aussi hospitalière pour eux que pour leur chef; ce fut seulement à la tombée de la nuit, après avoir garni ma bourse et m'avoir donné une chemise neuve, qu'elle consentit à nous laisser partir pour Saint-Cloud.

Nous nous proposions de sortir de Paris et de prendre ensuite à travers champs. En arrivant à la Chapelle-Saint-Denis, nous trouvâmes toute la population sous les armes. Il fallait voir ces hommes de la banlieue, aux visages abrutis et avinés, jouant aux soldats, donnant des consignes et des mots d'ordre, avec toute l'importance de héros victorieux. Traverser cette foule n'était pas sans danger, et nous aurions probablement passé un mauvais quart d'heure, si nous n'avions été reconnus par des gendarmes qui connaissaient mieux que nous la localité. Ils nous firent prendre des rues détournées, et, à minuit, nous arrivions devant Saint-Cloud. Une terrible déception nous y attendait : le pont était gardé par une sentinelle de l'émeute. Par bonheur, cet homme se trouvait être le cousin d'un de mes compagnons, il voulut bien nous laisser passer. De l'autre côté du pont nous étions en pays ami, c'est-à-dire sauvés.

Une demi-heure après nous arrivions à

Saint-Cloud. La nuit était très avancée, le parc rempli de soldats. Nous couchâmes au pied d'un grand arbre, heureux de pouvoir nous reposer enfin. Malheureusement le lever du soleil ne tarda pas à nous réveiller. Le jour paraissait à peine qu'un grand mouvement se fit autour de nous. Quoique brisés de fatigue, nous dûmes nous lever comme les autres. Nous n'avions aucun effet de rechange, aussi notre toilette fut bientôt faite. Mon premier soin fut d'aller trouver le prince de Polignac, pour l'instruire de ce qui s'était passé à son hôtel jusqu'à notre départ. Je fus immédiatement introduit dans son cabinet, bien qu'il fût à peine cinq heures du matin. M. de Polignac parut très satisfait de me voir; il me témoigna un intérêt dont je fus vivement touché. Il avait eu, me dit-il, les plus grandes inquiétudes sur mon sort. Sa bienveillance m'enhardit à lui parler de l'état de pénurie auquel les événements m'avaient réduit : j'étais vêtu des habits de son intendant, et je ne possédais rien d'autre au monde. Je désirais avec une ardeur indicible trouver les moyens de reprendre ma place dans la légion dont je faisais partie et qui, je le savais, avait été dirigée sur Versailles. Je demandai au prince s'il ne serait pas possible de me faire donner un cheval par les écuries du roi; j'espérais par ailleurs me procurer des armes et un uniforme.

M. de Polignac me conduisit chez le marquis de Polignac, son frère, qui était grand écuyer, et qui, en me confiant un des chevaux du roi, l'aurait soustrait aux révolutionnaires. Ceux-ci, en effet, s'emparèrent de tous les chevaux que Charles X n'avait pas utilisés pour fuir. Le marquis se contenta de me répondre : « Mais, monsieur, les chevaux du roi ne sont pas ma propriété, je ne puis pas en disposer sans ordres, et il est trop matin pour réveiller le roi : d'ailleurs, Sa Majesté a bien autre chose à penser »! Je parlai aussi de la situation très pénible des gendarmes recueillis par moi, qui se trouvaient à l'heure présente dans le plus complet dénuement. *Ces messieurs ne semblèrent pas me comprendre*. Je me retirai un peu décontenancé, mais nullement découragé. En sortant de chez le prince, je rencontrai deux des ministres avec lesquels j'avais dîné l'avant-veille. Ils me reconnurent et m'abordèrent, tout effrayés, pour me demander si je ne connaissais pas à Saint-Cloud quelque maison honnête où ils pourraient trouver une retraite sûre. Je ne pus, malheureusement, leur procurer cet abri tutélaire. L'attitude de ces hauts personnages me fit comprendre que les choses se gâtaient de plus en plus. Je m'empressai d'aller retrouver mes braves gendarmes, et nous partîmes pour Versailles, où notre colonel avait rallié les débris de son corps.

Mme du Haussoire m'avait donné quatre-vingts francs au moment où je quittai Paris ; je les partageai avec mes hommes, dont le nombre augmentait sans cesse. Nous formions un noyau autour duquel se réunissaient les plus braves, qui s'étaient exposés à de grands périls pour nous rejoindre. Nous arrivâmes d'assez bonne heure à Versailles. Les troupes venaient d'y entrer. On nous indiqua la caserne où on avait mis la gendarmerie. On ne pourrait imaginer les cris de joie qui s'élevèrent à notre apparition. Nous étions une trentaine, presque tous en bourgeois; on nous croyait tous massacrés. Le colonel semblait ravi de nous revoir. Nous ne savions rien des événements ; chacun paraissait oublier ses propres malheurs pour ne penser qu'à ceux qui menaçaient le roi, sa famille et la France. Cependant nous nous attendions à une revanche, et nous soupirions après l'instant où, armés et équipés de nouveau, nous pourrions reprendre notre place parmi les combattants. On trouva, dans la caserne où nous étions cantonnés, des armes et des chevaux pour nos gendarmes ; quant à moi, je pris la monture d'un officier qui avait trahi la veille, et qui avait été chassé de l'escadron. Un camarade de la gendarmerie de Versailles me donna un chapeau et un habit, un garde du corps un sabre ; j'achetai des épaulettes, et, le soir même, j'étais à la tête d'un peloton où je retrouvai plusieurs des hommes qui avaient combattu sous mes ordres pendant les fatales journées.

Nous étions consignés au quartier, avec l'ordre de nous tenir toujours prêts à monter à cheval. Plusieurs fois par jour, effectivement, nous dûmes nous former en bataille sur l'esplanade. Le samedi matin, nous gardions cette formation depuis un certain temps, lorsqu'un officier du corps vint me demander *si j'avais l'intention d'aller plus loin*. Un regard chargé d'indignation fut ma seule réponse, et le misérable n'en dit pas davantage. Je ne l'ai jamais revu depuis. Le soir, vers les quatre heures, on nous déploya sur l'esplanade pour la quatrième fois de la journée, mais, au lieu de rentrer au quartier, on nous fit prendre la route de Saint-Cyr. Avant de sortir du parc nous mîmes pied à terre. La halte durait depuis une demi-heure lorsque nous aperçûmes dans le lointain, à l'entrée de l'avenue, de la cavalerie et des voitures se dirigeant vers nous. Tout aussitôt on commanda « à cheval »! et nous allâmes nous mettre en bataille au delà du bourg. C'était le cortège du roi s'enfuyant à Rambouillet. Quand les gardes du corps atteignirent les premières files de notre ligne, les cris de « Vive le roi »! s'échappèrent de toutes les poitrines, ils ne cessèrent pas de retentir pendant le défilé de la maison militaire et des voitures de la Cour. Mais l'enthousiasme atteignit son comble quand nous vîmes le roi s'avancer à cheval. Il paraissait très ému de nos témoignages de dévouement. Officiers et soldats semblaient vouloir le serrer dans leurs bras; il y avait des larmes dans les yeux. Certes tous se seraient fait tuer pour ramener le monarque à Paris. Il est impossible de décrire une scène aussi émotionnante. Le roi aurait voulu parler à tous; chacun eût désiré lui exprimer son dévouement et sa fidélité. Nous brandissions nos armes qui s'entrechoquaient avec celles des gardes du corps, et ce contact semblait un lien de plus entre ces militaires prêts à mourir pour leur malheureux souverain, si celui-ci eût voulu se confier à leur courage, au lieu de fuir toujours.

XX

Arrivée à Trappes. — Attitude inquiétante du général Bordesoulle. — Excitations à la désertion. — Abdication du roi et du dauphin. — Arrivée à Rambouillet. — Une soupe de luxe. — L'aide de camp de Lafayette. — Panique de la famille royale et de la Cour. — Toujours la fuite. — Licenciement de la gendarmerie royale. — Retour à Paris. — On m'offre la lieutenance de Saint-Lô. — Perplexités.

Après le passage du roi nous restâmes près d'une heure à Saint-Cyr, puis nous nous mîmes en route pour Trappes, où nous établîmes notre bivouac, dans un champ à peine débarrassé de sa récolte. Peu de temps après (vers sept heures du soir), le dauphin arriva, lui aussi, suivi du duc de Guiche et d'une faible escorte. Nous prîmes les armes pour lui rendre les honneurs. Nous ignorions s'il allait à Rambouillet ou s'il coucherait à Trappes.

Il prit ce dernier parti. Un détachement de trente gendarmes à pied et une brigade à cheval furent commandés pour le service du prince. Je n'en fis point partie.

Jusqu'à dix heures du soir, tous les corps de la garde passèrent successivement devant nous et allèrent bivouaquer entre le village et nous; nous nous trouvâmes ainsi à l'arrière-garde. Le duc d'Angoulême partit pour Rambouillet le lendemain de grand matin. On vint nous avertir que nous étions désormais sous les ordres du général Bordesoulle. A prix d'argent nous pûmes nous procurer quelques vivres et nous nous occupâmes de faire préparer un repas, pendant que notre colonel et ceux des régiments de la garde *cherchaient à obtenir* du général Bordesoulle des explications *sur une retraite d'autant plus inexcusable* que personne ne nous poursuivait. Cet officier n'était pas chez lui : *il venait de conférer avec un aide de camp de Lafayette qui nous suivait pour espionner notre marche.* Le colonel de Foucauld nous rejoignit, fort mécontent du général, en qui, d'ailleurs, personne n'avait confiance.

Mourant de faim, nous allions nous mettre à table quand nous reçûmes l'ordre de partir immédiatement pour Rambouillet.

Mon peloton se trouvait dans un village situé à un kilomètre de Trappes; j'avais à peine le temps de courir prévenir mes hommes et de les ramener avec moi sur la grand'route où avait lieu le rassemblement. L'ordre avait été motivé par la présence d'un certain nombre d'émissaires envoyés de Paris, pour semer la démoralisation parmi les soldats et les pousser à la désertion. Nous gagnâmes le village de Coignères. Tous les corps y bivouaquèrent, et nous pûmes enfin consommer les vivres achetés à Trappes. Le soir notre colonel reçut un ordre du jour du dauphin, faisant connaître que le roi était entré en pourparlers avec le gouvernement établi à Paris, et qu'on en espérait de bons résultats. Nous accueillîmes ledit ordre aux cris de : « Vive le roi » ! et l'espoir sembla renaître dans nos cœurs. Mais des désertions commençaient à se produire dans certains corps, surtout au 2ᵉ cuirassiers. (Aucun des officiers de ce régiment n'avait eu le courage de suivre la mission prêchée à Versailles en 1822, à l'exception d'un seul, que ses camarades avaient obligé de quitter le régiment). Par contre, il n'y eut pas un seul déserteur dans les grenadiers à cheval d'Auguste de la Rochejaquelein.

Nous devions partir le lendemain, 2 août, pour Le Perray et Rambouillet. Le signal du départ fut donné avant deux heures du matin. Nous ne nous arrêtâmes pas au Perray, où se trouvaient deux régiments venant de Normandie. Nous arrivâmes de bonne heure dans le parc de Rambouillet. Notre bivouac était placé à la gauche des gardes du corps; on nous distribua des vivres en abondance pour nous et nos chevaux. En mettant pied à terre, nous apprîmes la nomination du duc d'Orléans à la lieutenance générale du royaume, la double abdication du roi et du dauphin en faveur du duc de Bordeaux, et que le duc de Raguse avait repris le commandement des troupes restées fidèles. Dans l'après-midi, le maréchal nous fit prendre les armes pour reconnaître comme roi Mgr le duc de Bordeaux, sous le nom d'Henri V.

Peu de temps après notre arrivée, un garde du corps vint me trouver. Ayant appris que j'avais perdu tous mes effets, et qu'il ne me restait qu'une chemise, celle que j'avais sur le dos, il me proposa l'une des deux qui lui restaient encore dans son paquetage, et cela avec tant de cordialité que je ne pus refuser son offre. Nous allâmes tous deux au bord du canal laver celles que nous venions de quitter. Le soleil eut bientôt fait de sécher notre lessive. Je rentrai au bivouac plus heureux qu'un banquier après un coup de Bourse : il faut n'en point avoir pour savoir quel précieux trésor est une chemise! Je mis dévotement la mienne dans une de mes fontes, n'ayant pas de portemanteau. Presque aussitôt, je fus invité par le gendarme de cuisine à venir goûter la soupe du peloton. Il m'en présenta une écuellée toute pleine : j'en fus d'abord un peu effrayé, mais je vis dans les yeux du gaillard une expression de satisfaction malicieuse qui me donna confiance, et je trempai mes lèvres dans le bouillon. A la première gorgée, mon étonnement fut égal à ma délectation; jamais je n'avais goûté rien de si délicieux. Mon homme s'y attendait bien. Il me dit : « Vous trouvez bon notre potage, n'est-ce pas, mon lieutenant? C'est le roi qui l'a voulu ainsi. Il a mis sa faisanderie à notre disposition; il y a quinze faisans dans la marmite avec notre ration de bœuf, et force légumes » !

Le reste de la journée se passa dans le plus grand calme; chacun attendait le résultat de l'abdication destinée à satisfaire toutes les ambitions libérales, mais on avait compté sans la Révolution. Le lendemain devait voir le facile triomphe de l'audace, de l'imposture et de l'ingratitude.

La nuit du 2 au 3 août fut calme. Le 3 au matin, il se produisit un incident caractéristique. L'aide de camp de Lafayette, qui nous suivait depuis Versailles, ayant voulu forcer la consigne d'une sentinelle de grand'garde, le soldat fit feu sur lui et le blessa à la jambe. L'aide de camp se mit à pousser des cris perçants. On le transporta à l'hôpital de Rambouillet où on lui donna tous les soins nécessaires. Nous fûmes plus affectés de la mort de M. Lainé, ancien lieutenant-colonel de la gendarmerie de Paris, attaché à la maison du roi. Cet officier, véritable type de la bravoure et de la fidélité, avait fait la veille une chute de cheval et il était mort dans la soirée. On lui rendit les derniers honneurs, triste cérémonie bien en rapport avec la dépression morale que produisait en nous l'absence de toute nouvelle de Paris. Je devinais que tout allait de mal en pis dans la capitale; je sentais le trône prêt à s'écrouler, ma carrière très compromise, car j'étais bien décidé à rester inébranlable dans ma fidélité. Le pressentiment de ce qui allait arriver à notre malheureux roi m'accablait. J'étais dans cette lamentable disposition d'esprit, quand le vaguemestre me remit une lettre m'apprenant que Mlle de Corny, malgré les grandes protestations d'amour et de persévérance qu'elle me faisait depuis deux ans, venait de céder aux instances de ses parents et d'accepter un de ses cousins pour mari.

Je levai les yeux vers le ciel, et je demandai à Dieu de me donner la force d'accepter cette dernière épreuve, car il ne me restait plus rien sur terre; tout semblait s'anéantir autour de moi. Ma prière fut exaucée, je ne me laissai pas abattre. Plus je m'offrais à Dieu en holocauste, plus je me sentais fort et résigné à sa volonté. Dans mon douloureux abandon, je remerciais la Providence de m'avoir montré que celle que j'aimais n'aurait pas fait mon bonheur, puisqu'elle ne craignait pas de manquer à sa foi, tandis que moi, pour tous les trésors du monde, je ne lui aurais pas été infidèle. Mais j'avais le cœur brisé, malgré mon énergie.

Autour de moi tout le monde était triste et préoccupé; la gaieté, qui fait généralement le fonds des réunions militaires, était totalement bannie des nôtres. Depuis plusieurs heures, un calme angoissant régnait sur l'armée royale, comme sur la mer aux approches d'une affreuse tempête. Le soleil venait à peine de se coucher que nous reçûmes l'ordre de nous préparer à partir. Chacun de nous croyait qu'on allait enfin marcher à l'ennemi, chacun attendait avec impatience l'heure de la revanche. L'illusion fut de courte durée : nous vîmes les gens du château faire des préparatifs de départ, avec une telle précipitation qu'on eût dit qu'une armée innombrable se préparait à les tailler en pièces, et qu'ils n'avaient plus de salut que dans la fuite.

Devant former l'arrière-garde, nous restâmes en bataille pendant plus de deux heures, durant lesquelles nous vîmes encore défiler tout le cortège royal : la maison militaire, l'infanterie, la cavalerie, l'artillerie de la garde. Nous partîmes à notre tour, en trois colonnes par deux marchant de front, c'est-à-dire occupant la route d'un fossé à l'autre. Bien entendu nous n'aperçûmes pas l'ombre d'un ennemi pendant cette retraite de quatorze mille soldats d'élite, bien reposés par trois jours de bombance, inébranlablement fidèles, et tout disposés à combattre. Nous marchâmes toute la nuit, et nous arrivâmes à Maintenon à cinq heures du matin. Là nous apprîmes : que MM. Maison, Shonn et Odilon Barrot, commissaires de la Révolution, s'étaient présentés chez le roi à Rambouillet, dans l'intention, prétendaient-ils, de le préserver, lui et sa famille, de la fureur d'une foule de plus de quatre-vingt mille hommes, dont ils se disaient suivis; que le timide et crédule Charles X ayant demandé au maréchal Maison « s'il était bien sûr que ces méchants fussent vraiment aussi nombreux », et lui ayant fait observer qu'il avait encore à son service des troupes fidèles et très disposées à la résistance, le maréchal lui répondit qu'il garantirait le nombre de *cent mille hommes* plutôt que celui de quatre-vingt mille (1); que M. Odilon Barrot avait ajouté « que la moindre résistance de la part de l'armée royale mettrait une mer de sang entre le trône et le duc de Bordeaux, et que le roi agirait sagement en évitant une pareille extrémité » ! Ces paroles et ces images avaient fasciné les yeux et terrorisé le cœur de notre malheureux roi, qui ne pouvait croire qu'un maréchal de France, qu'il avait comblé de bienfaits, eût la scélératesse de le tromper si cruellement.

Nous prîmes position sur les places et dans les rues de Maintenon, et nous attendîmes que le roi, logé dans le château de M. le duc de Noailles, nous fît connaître sa décision. L'inquiétude était à son comble; nous étions fatigués par la route pénible de la nuit, et cependant personne ne songeait à se reposer. Tout le monde était triste, inquiet de l'avenir ; nous restions toujours sans nouvelles, la marche du

(1) Le maréchal Maison eut peu de peine à effrayer le pauvre Charles X. Odilon Barrot écrivait, à ce sujet, à Lafayette, qu'on avait déterminé le roi à partir à *force de lui faire peur*, bien qu'entouré d'*au moins dix mille* hommes de troupes d'élite!

temps nous semblait arrêtée. Enfin, vers neuf heures et demie, nous reçûmes l'ordre d'aller nous former en bataille sur la place où devait passer le cortège. A peine alignés, nous vîmes défiler une partie des gardes du corps, précédant la voiture de Mgr le duc de Bordeaux et de Mademoiselle. Ces chers enfants nous saluaient avec une grâce ravissante; ils pouvaient voir des larmes dans tous les yeux. Venaient ensuite la voiture de Mme la duchesse de Berry, qui était habillée en amazone et qui semblait prête à monter à cheval pour se mettre à la tête des régiments fidèles, puis la voiture de Madame la Dauphine (celle-ci l'air profondément triste); puis Mgr le duc d'Angoulême, à cheval, accompagné de quelques généraux et de quelques officiers de sa maison, enfin le roi dans son carrosse attelé de huit chevaux en harnais de voyage. Le duc de Luxembourg était avec le roi, sur la banquette de devant. Sa Majesté nous adressa la parole, pour nous engager à continuer nos services à son petit-fils Henri V. Il ne s'attendait guère à ce que cette couronne, qu'il voulait conserver à sa famille au prix de si grands sacrifices, lui serait dérobée par un parent comblé par lui de bienfaits.

Nous vîmes le cortège prendre la route de

Dreux, et nous apprîmes que le roi se rendait à Cherbourg. On ne peut se faire une idée de l'impression produite par le passage du cortège royal; nous ressemblions à des enfants venant de perdre leur père; la douleur se lisait sur tous les visages. Notre bon colonel était atterré ; son accablement achevait de nous démoraliser. Il s'était fait un silence solennel; il fut interrompu par l'ordre de se former en colonne et de prendre la route de Chartres. Nous fîmes halte une lieue avant d'y arriver. Après avoir commandé « pied à terre » ! et « formez le cercle » ! le colonel nous avertit que nous ne pouvions pas entrer en ville avec nos cocardes blanches, et qu'il fallait les retirer de nos chapeaux. Au même instant nous vîmes passer une diligence portant un drapeau tricolore. Plusieurs voyageurs nous crièrent : « Vive la Charte » ! Ce cri manquait d'à-propos, dans le moment même où l'on violait le principe fondamental de la Charte : l'inviolabilité du roi.

La colonne se remit en marche. Peu de temps après, nous trouvâmes notre bivouac tracé dans une prairie voisine de la ville, à gauche de la grand'route. A peine arrivés, le colonel me pria de payer la solde à tout le régiment. Gendarmes et officiers étaient également sans argent ; ils manquaient du nécessaire, qu'on pouvait se procurer à Chartres. Je priai le colonel de m'accorder une heure de sommeil avant d'exécuter cet ordre : je n'avais, pour ainsi dire, pas dormi depuis le 27 juillet, et nous étions au 4 août! Je me laissai tomber sur une botte de paille, au milieu des chevaux et du tapage accompagnant toujours l'installation d'un bivouac. Je dormis une heure, après quoi je fus en état d'exécuter l'ordre de mon chef.

Le lendemain nous entrâmes en ville. Nous y restâmes deux jours, pendant lesquels je fus logé chez Mme de Courtevelle, la respectable mère de MM. de Courtevelle, que je connaissais, et dont l'aîné avait soixante-quatorze ans : Mme de Courtevelle en avait quatre-vingt-quatorze. L'excellente femme avait mis à ma disposition, et à celle d'un de mes camarades, un pavillon situé dans le jardin; elle avait ordonné à son intendant de nous traiter le plus largement possible. Mon pauvre camarade avait la fièvre; il s'était couché en arrivant. Sa chemise était en loques. J'avais fait une visite à l'aumônier des sœurs de Saint-Paul, parmi lesquelles se trouvait une de mes nièces. Ce brave prêtre fut vivement ému de la pénurie dans laquelle il me vit. J'étais à peine de retour au logis que l'on m'apporta un paquet assez volumineux : il contenait des chemises, des mouchoirs, des bas et une bourse garnie de quelque monnaie. Je m'empressai de jeter une chemise à mon malade... qui venait de quitter les débris de la seule qu'il possédât. Je profitai de l'occasion pour lui faire remarquer la bonté de la Providence, nous envoyant si à propos un secours dont nous avions un si urgent besoin. Bien entendu, je ne quittai pas Chartres sans avoir exprimé toute ma reconnaissance au généreux ecclésiastique.

Nous devions revenir à Paris en passant par Palaiseau. Au moment du départ, beaucoup d'officiers ayant appris que nous allions être licenciés, ils obtinrent du colonel la permission de rentrer incognito dans la capitale. Finalement, le capitaine de Saint-Germain et moi, nous fûmes chargés de recevoir les armes de tous les gendarmes, et de leur en délivrer un reçu. D'après un ordre du lieutenant général Pujol, nous devions tous nous habiller en bourgeois, car notre uniforme aurait inévitablement provoqué des désordres. Je fus prévenu de me bien tenir sur mes gardes, car j'étais personnellement guetté par des vengeances implacables, et je ne pouvais sans grand danger pour ma vie m'aventurer dans les parages du boulevard des Capucines. Le capitaine de Saint-Germain était à peu près dans le même cas relativement aux environs de la rue de Tournon, dans laquelle se trouvait la caserne où il commandait. Nous nous procurâmes tous deux des vêtements râpés, et, déguisés en cochers de fiacre, nous pûmes tromper la vigilance des *héros* du jour, très mal disposés à notre égard, comme on vient de le voir.

J'allai encore trouver la bonne madame du Haussoire. Elle me fit l'accueil le plus gracieux. Comme elle savait qu'on en voulait à ma vie, elle me retint prisonnier chez elle pendant huit jours. Sa maison était pourtant située fort loin du théâtre de mes exploits. Pendant cette semaine de réclusion, Louis-Philippe s'empara du trône dont sa famille lui avait confié la garde. Bientôt je reçus l'ordre de passer à l'état-major de la gendarmerie de la Seine. J'y retrouvai les familiers des fameux jeudis où j'avais été convié... et dont on m'avait si lestement évincé, grâce à mon crucifix; ces messieurs étaient tous pourvus de grades supérieurs, tous les dispensateurs des places, des emplois, et des faveurs gouvernementales. Aussi ne fus-je pas médiocrement surpris de recevoir, le 14 août, ma nomination à la lieutenance de Saint-Lô. Mon premier mouvement fut de refuser, mais messieurs les parvenus avaient reçu le mot d'ordre; ils s'empressèrent de me dire : « Gardez-vous de refuser, vous ne connaissez pas les intentions du roi : il veut remettre, en temps opportun, la couronne à qui elle appartient; il a besoin des honnêtes gens pour établir son pouvoir et parvenir à son but; c'est précisément parce que l'on vous connaît que l'on vous a choisi. Partez, et le plus tôt possible ».

Ces paroles sonnaient faux, elles ne m'inspirèrent pas beaucoup de confiance. J'acceptai néanmoins ma nomination, mais, comme ma feuille de route me laissait un certain délai pour rejoindre mon nouveau poste, je résolus de prendre de sérieux renseignements avant de me mettre en route. Je commençai par me rendre chez le père Roussin, avec lequel je voulais causer à cœur ouvert. Que de choses tristes j'avais vues depuis le 25 juillet! Je dis au père que, si j'avais succombé pendant ces odieuses journées, je n'aurais pas été assuré de mon salut, car je serais mort *enragé*. Il me répondit que ma colère étant une sainte colère, Dieu aurait eu pour agréable le sacrifice de ma vie. Je lui demandai si je devais accepter l'emploi qui m'était offert, malgré ma répugnance à servir un gouvernement abhorré. « Refusez tout net », me dit-il. — « Mais pourtant, il ne me reste plus rien pour vivre. Que vais-je devenir » ? — « Le bon Dieu aura soin de vous ». Ces dernières paroles furent prononcées avec une conviction si profonde que j'en ressens encore l'impression, impression très profonde, car elles se sont réalisées depuis lors. Dieu m'a toujours porté dans ses bras à travers les épreuves et les dangers de ma vie.

Je quittai le père Roussin, décidé à suivre ses conseils, conformes à l'impulsion de mon cœur. Je dînai chez M. Hyvert (on le sait, ce M. Hyvert n'avait rien de commun avec le chef de bureau de la gendarmerie), ami de Mme de Bermonville, homme dont tout le monde à Paris vantait la droiture, l'honorabilité et le savoir. Il avait appris ma nomination à Saint-Lô, et il me demanda quand je comptais m'y rendre. Je lui dis ma haine pour la Révolution, l'impossibilité dans laquelle je me trouvais de lui prêter serment de fidélité. M. Hyvert m'engagea vivement à ne pas sacrifier mon avenir : s'il y avait un jour deux camps en présence, me dit-il, je serais libre de choisir ; quand le parti auquel j'aurais d'abord juré fidélité se reformerait, je serais *ipso facto* délié de mon second serment en donnant ma démission. Il croyait à la sincérité des raisonnements que l'on m'avait tenus à l'état-major, et il me conseillait fortement de partir. En fin de compte, je me décidai à me mettre en route, bien résolu à tâcher de reculer la prestation du serment jusqu'à ce que j'aie pu juger dans ma conscience s'il m'était possible de le prêter ou non.

Mme de Bermonville était alors à Honfleur, chez Mme d'Aroimarre, sa belle-sœur, que je n'avais pas revue depuis 1816. C'était mon chemin pour me rendre à Caen, résidence du colonel dont Saint-Lô dépendait. Je restai chez ces dames les quelques jours de délai que me laissait encore ma feuille de route. Elles manifestèrent à mon égard le plus bienveillant intérêt; fort inquiètes de mon sort, elles parurent heureuses de me voir. Je dus promettre de revenir souvent, si j'acceptais mon emploi, ce qui me serait d'autant plus facile que la compagnie de Saint-Lô était commandée par le capitaine de la Barre, leur parent, et je connaissais et appréciais beaucoup cet officier. Malheureusement, les choses tournèrent d'une autre façon.

XXI

Départ pour Saint-Lô. — Je suis mis en demi-solde. — Je tombe malade à Rennes. — Entrevue avec M. Pozzo di Borgo. — La famille de M... — Sa satisfaction de me voir m'en aller. — Je trouve une situation à Paris. — Un vilain baron. — Sac de Saint-Germain-l'Auxerrois.

Plus j'approchais de ma nouvelle résidence et plus il me répugnait de servir un gouvernement dont j'avais horreur. Arrivé à Caen, je me présentai devant mon nouveau colonel. Il vint à moi, l'air très ému, un papier à la main.

« J'ai une mauvaise nouvelle à vous communiquer », me dit-il. Ces paroles produisirent sur moi un certain effet, car je pouvais supposer qu'on avait ordonné mon arrestation, pour satisfaire des rancunes populaires. Mais le colonel : « Vous êtes mis en demi-solde », acheva-t-il. — « Tant mieux, mon colonel, fis-je, j'en suis enchanté. » — « Comment, vous en êtes enchanté » ? me demanda-t-il d'un air stupéfait; cela vous fait plaisir d'être en demi-solde » ? — « Cela m'est bien égal ! Et maintenant, suis-je libre de me retirer où je voudrai »? — « Oui, certainement ». — « Eh bien, mon colonel, faites-moi, s'il vous plaît, délivrer une feuille de route pour Nantes ».

Ma demande fut accordée à l'instant même, et je pris congé du colonel. Une fois dans la rue, je me sentis soulagé d'un poids énorme. Je m'attendais à trouver sur la route de Saint-Lô M. de la Barre qui devait être mon capitaine; je n'y rencontrai que Mme de la Barre. Elle m'apprit que son mari était en ce moment auprès du colonel. Je regrettai beaucoup ce contre-temps. Le ménage la Barre pensait fort bien, mais ils n'avaient pas de fortune, et il leur fallait bien rester à leur poste.

Je passai quelques heures avec Mme de la Barre, après quoi je partis pour Coutances. J'espérais y trouver l'abbé Liber, si bon pour moi, lors de mes amours avec Mlle de Corny; j'eus le chagrin de le manquer. Il le regretta autant que moi, paraît-il. De Coutances, je me dirigeai sur Rennes, par Avranches et Pontorson. Je passai devant le mont Saint-Michel, sans m'y arrêter : j'étais loin de me douter que, trois ans plus tard, je serais condamné à y passer ma vie! Entre Pontorson et Rennes, je rencontrai MM. de Trégomain. Nous ne tardâmes pas à nous reconnaître pour des gens de même opinion. Pendant toute la route, nous causâmes de la situation; nous ne la trouvions pas couleur de rose. L'un de ces messieurs était le père des Trégomain qui se trouvèrent avec moi au combat du Chêne; l'autre, leur oncle, avait été député sous la Restauration. Malgré leur compagnie, il me tardait d'arriver à Rennes, car je ressentais des douleurs qui me faisaient croire que j'étais empoisonné. J'avais dîné à Pontorson dans une auberge où on faisait la cuisine avec des casseroles de cuivre, mal entretenues. En descendant de voiture, je n'eus que le temps de me précipiter dans la première chambre que je trouvai ouverte sur la cour de l'hôtel des Messageries, et là je restai sans connaissance, jusqu'à ce qu'on vînt m'apporter du secours.

Quelques jours de soins et de repos suffirent pour me remettre sur pied, et je repris la route de Nantes, où j'avais hâte de retrouver la famille de M..., qui, pendant mon séjour dans cette ville, m'avait témoigné une grande amitié. Il ne se passait guère de jour que nous ne nous vissions soit en ville, soit à la campagne. Mme de M... avait un caractère assez bizarre, mais beaucoup de foi et de pratiques religieuses. Elle possédait un genre d'esprit que j'avais compris, et que, parfois, je réussissais à dominer, grâce à quoi je rétablissais dans son intérieur un calme fort apprécié de son mari et de ses enfants. Mme de M... avait un fils qui m'avait pris en affection; je comptais donc trouver chez elle un asile où j'aurais eu le temps de voir les événements se dessiner. Je ne pouvais croire que la Sainte-Alliance pût jamais se résoudre à accepter la Révolution dans la personne de Louis-Philippe; aussi, j'étais allé trouver M. Pozzo di Borgo, avec M. de Saligny, lieutenant général attaché à l'ambassade d'Espagne, pour lui offrir mes services, bien convaincu que la coalition allait faire quelque chose. M. Pozzo di Borgo me reçut très courtoisement, mais je compris tout de suite qu'il ne voyait pas d'un œil trop défavorable les événements de Juillet. Néanmoins, j'espérais de l'empereur de Russie une intervention contre Louis-Philippe, et elle se serait produite, en effet, si la Russie n'avait pas été occupée par le soulèvement de la Pologne.

Pour en revenir à la famille de M... je passai auprès d'elle une partie des vacances de 1830. J'y étais arrivé dans les derniers jours d'août. Pendant quelques semaines je reçus d'elle de grands témoignages d'intérêt et de bruyantes protestations d'amitié, qui, tout d'un coup, se mirent à décroître de jour en jour. Ma présence devenait importune, je ne pouvais me le dissimuler; elle le sembla bien plus encore lorsque fut soulevée la question du serment. M. de M... était maire du B... ; il avait grande envie de conserver son mandat, mais comment prêter serment pendant que j'étais là, moi qui, sans aucune ressource pour vivre, venais de renoncer à mon traitement de demi-solde pour avoir refusé de jurer fidélité à l'usurpateur? Comment, devant moi, oserait-il renier son passé (M. de M... avait servi dans l'armée de Condé), pour rester maire d'une modeste commune? Mon exemple et mes conseils lui étaient également à charge ; il ne me restait plus qu'à me retirer et à chercher une position. Je songeai à mes amis de Nantes, et je résolus de leur demander de tâcher de me caser quelque part.

Je me rendis au Blottereau. Aussitôt qu'on m'aperçut, on me cria que M. de Lauriston venait de recevoir une lettre de M. de Villeneuve à mon adresse. On courut au bout du parc prévenir M. de Lauriston de mon arrivée. Pendant ce temps, Mme de Lauriston m'engagea fortement à chercher une place, puisque je ne voulais pas continuer à servir. Je lui dis que telle était bien mon intention, et que mon voyage à Nantes n'avait pas d'autre but. Sur ces entrefaites, la lettre annoncée me fut remise. Une dame de très haut parage, m'y disait-on, très riche et d'une société agréable, cherchait un homme de bonne compagnie, capable de diriger quelques affaires peu compliquées, de lui faire la lecture et de l'accompagner dans ses promenades. Elle offrait mille francs par an, le logement, la table, le blanchissage et le chauffage. M. de Villeneuve lui avait fait parler de moi par son beau-frère (qui la connaissait beaucoup); il me conseillait de me hâter d'accepter et d'arriver chez elle. Je lus cette lettre à haute voix, devant toute la famille réunie. Les enfants me sautèrent au cou, M. et Mme de Lauriston me félicitèrent de ma chance. Cette position était, comme le disait M. de Lauriston, un abri pour moi pendant l'orage.

Je retournai, le soir même, chez les M... J'appris la bonne nouvelle à mes hôtes, et leurs démonstrations de joie ne me laissèrent aucune illusion sur l'opportunité de mon départ. Les vacances touchaient à leur fin; Ludovic de M... devait retourner au collège de Juilly. Son cousin J. de M... devait s'y rendre aussi. On profita de mon voyage à Paris pour me confier ces deux enfants. Après les avoir conduits au collège, j'allai voir M. de Villeneuve, chez lequel j'étais attendu. Son frère, me dit-il, lui avait parlé de la part de Mme de Crouzeilles, née de Choiseul-Gouffier. Cette dame cherchait un homme sûr et convenable pour son service particulier, et elle a songé que M. de Villeneuve, ayant été longtemps préfet, et ayant par là même des relations étendues, pourrait trouver l'oiseau rare qu'elle désirait. M. de Villeneuve n'avait pas tout de suite pensé à moi, mais, me dit-il, je lui étais apparu en songe et je lui avais reproché son oubli. Ce rêve l'avait tellement frappé qu'il s'était levé pour en prendre note, afin de ne pas l'oublier, et, le jour même, il m'avait écrit chez M. de Lauriston, ne sachant pas ma résidence actuelle, et pensant bien que celui-ci la connaissait. Les promesses du bon père Roussin se réalisaient.

Nous partîmes, M. de Villeneuve et moi, pour aller chez son frère, ancien directeur général des postes, qui devait me présenter à Mme la baronne de Crouzeilles. Elle nous fit un accueil excessivement gracieux; elle espérait que je lui conviendrais, mais peut-être, me dit-elle, ce serait elle qui ne me conviendrait pas, et le mieux serait de venir passer quinze jours à son hôtel, pour pouvoir nous juger mutuellement. M. de Villeneuve-Bargemon prit alors congé, et je restai seul avec la baronne. Je lui fis la lecture jusqu'à l'heure du dîner.

J'avais pris l'habitude de lire à haute voix auprès du duc d'Avaray, chez qui j'allais très souvent et auquel j'étais heureux de me rendre utile en remplaçant son secrétaire, lorsque celui-ci avait besoin de repos. Ma première séance se passa bien ; je vis que Mme de Crouzeilles était satisfaite de moi. Quelque temps avant le dîner, on se réunit au salon. M. de Crouzeilles ne tarda pas à y faire son apparition. C'était, il faut l'avouer, un homme moins sympathique que sa femme, grande dame dans toute la force du terme, ayant encore des restes de beauté et possédant au suprême degré le ton, l'élégance, la distinction et les sentiments de la vieille aristocratie française. Le baron, tout au contraire, quoique beaucoup plus jeune qu'elle, était laid et commun; le peu d'esprit et les quelques connaissances qu'il pouvait posséder étaient gâtés par son infatuation de lui-même. Il s'était lancé dans le libéralisme, dépité de ne pas avoir été apprécié par la Restauration. Et pourtant il était parvenu, à trente-huit ans, au rang de conseiller à la Cour de cassation, mais il aurait voulu être pair de France; sa déconvenue l'avait fait passer dans les rangs des hommes de Juillet. Quand il recevait des gentilshommes vraiment dignes de ce nom par leur fidélité politique, sa figure se contractait de haine; toutefois, il était bien obligé de faire chorus avec eux; il parlait d'un ton mielleux de « l'horrible catastrophe qui avait renversé Charles X », mais quel changement dans l'expression de son visage lorsqu'il se trouvait en présence d'amis pensant comme lui! Avec quel rire sardonique il répétait : « Ah! comme nous les avons bien enfoncés » ! Il m'avoua un jour qu'il regrettait de ne s'être pas trouvé à Paris pendant *les Glorieuses :* il aurait, me dit-il, pris son fusil et combattu avec les révolutionnaires. — « Monsieur le baron, lui répondis-je, dans ce cas je ne vous aurais pas conseillé de vous trouver sur mon passage, car ma première balle eût été pour vous ».

Mme de Crouzeilles était toujours en grand émoi pendant nos discussions politiques; elle cherchait à me calmer, tout en m'approuvant dans son cœur. Parfois, elle me disait : « Allons, calmez-vous, car la fièvre va vous prendre ».

Heureusement, ces discussions étaient rares. La baronne recevait très peu; la société aristocratique était, d'ailleurs, en ce moment beaucoup moins nombreuse à Paris. Ceux-là seuls y séjournaient qui espéraient prendre leur part du gâteau. Mon service auprès de Mme de Crouzeilles était très doux; il consistait à lui lire les journaux, un peu avant le déjeuner, puis, sur les deux heures, quelque ouvrage nouveau. Tous n'étaient pas à mon goût, *Notre-Dame de Paris*, notamment. Un jour, je tombai sur un roman d'Alexandre Dumas, ayant comme héros un Vendéen et un prêtre qu'on traînait dans la boue. Je lançai le livre à l'autre bout de la chambre, en déclarant qu'il m'était impossible de continuer à lire de telles infamies. Mme de Crouzeilles se contenta de sourire, et depuis lors nous continuâmes sans interruption la lecture des Mémoires de Saint-Simon. A trois heures et demie, nous montions dans un magnifique équipage. La baronne me faisait asseoir à sa gauche; je devais toujours être en tenue très soignée. Ceci n'avait rien de désagréable pour moi. Nous nous promenions jusqu'au dîner. La table des Crouzeilles était une des plus somptueuses de Paris; on n'y servait de maigre que pour moi seul, les vendredis et les samedis. La baronne avait peu de religion, son mari pas du tout. Cependant la première était très charitable, et elle me laissait tout le temps nécessaire pour la messe du matin et pour les offices du dimanche. Je réussis même à leur faire manger maigre le Vendredi Saint : cela ne leur arrivait pas souvent, paraît-il, car M. de Crouzeilles se plaignit de ce dîner pendant trois jours. Et pourtant, quel repas succulent on lui servit ce jour-là! Le cuisinier s'était surpassé ; il nous avait préparé tout ce qu'on peut imaginer de plus délicieux et de plus substantiel.

Je me trouvais le 13 février 1831 aux environs de Saint-Germain-l'Auxerrois, où l'on célébrait un service commémoratif pour le duc de Berry. Cette pieuse manifestation déplut, dit-on, à Louis-Philippe. Un grand nombre de royalistes assistaient à la cérémonie. Sur un mot d'ordre venant, assurent quelques-uns, de l'usurpateur lui-même, la populace se rua dans l'église et la mit à sac, de même que l'archevêché. Je rentrai immédiatement chez Mme de Crouzeilles. Tout Paris était en émoi ; on se croyait retombé au pouvoir des faiseurs de barricades. La baronne avait mis dans un petit sac tout ce qu'elle possédait de valeurs transportables; elle avait ordonné de garnir les chevaux et elle se préparait à quitter Paris, malgré les instances de son mari pour la retenir. Elle me chargea d'aller voir si l'émeute continuait, auquel cas nous devions, elle et moi, partir pour une de ses terres située aux environs de Dieppe. Je revins promptement la rassurer : tout était détruit à Saint-Germain-l'Auxerrois, mais la fureur du peuple s'était calmée quand il avait achevé de mettre en pièces le dernier ornement de l'église, où l'on avait commis le crime de prier pour la victime du lâche et misérable Louvel. Voyant cela, Mme de Crouzeilles consentit à rester à Paris.

XXII

Prêtres libéraux. — Charles de Kersabiec. — Ordres pour une prochaine prise d'armes. — Je suis dénoncé à la police par un domestique du baron. — Arrestation des gendarmes. — Un gentilhomme trop prudent. — Je me cache chez la famille Billou. — Un lâche.

Je vivais comme un coq en pâte chez la baronne, jouissant des avantages d'une grande fortune sans en avoir les soucis et les embarras, mais j'avais souvent le cœur navré en voyant la tournure que prenaient les événements politiques : et pourtant, nous n'étions qu'au début des vilenies et des lâchetés dont notre pays allait donner l'écœurant spectacle!

Mme de Crouzeilles avait épousé en premières noces M. de Belmont, colonel des gardes d'honneur, qui fut tué dans les rues de Rennes en 1814, à la première chute de Bonaparte. Elle en avait eu deux fils. L'aîné mourut d'épuisement en pleine jeunesse; l'autre passait ses nuits à l'Opéra, rentrait se coucher le matin, et se levait seulement pour dîner. Sa mère ne s'en inquiétait aucunement. Ce jeune homme était le type accompli du *fashionable* à la cervelle vide

Mes voyages à Juilly m'avaient mis en rapport avec M. l'abbé de Scorbin, que j'avais connu à Versailles : il était missionnaire et secondait M. l'abbé Guillon avec M. Levavasseur et M. Bac. M. de Lamennais demeurait au collège; M. de Scorbin était l'admirateur passionné des nouvelles et regrettables idées du dangereux philosophe. Il vint un jour me trouver, et il s'efforça de faire de moi un prosélyte. Une question de moi coupa court à ses tentatives : « Cette indifférence en matière politique, à laquelle vous voulez me convertir, lui demandai-je, est-elle d'accord avec les sentiments de nos princes légitimes »? Il me répondit qu'il les aimait toujours, qu'il n'avait pas cessé de les estimer, mais que la religion devait dominer ces sensibilités et rester étrangère à toute politique. — « Mais, repris-je, est-ce que la religion ne repose pas sur les principes sacrés de la volonté et de la justice? Eh bien, la religion ne saurait approuver la Révolution qui les foule aux pieds. Quant à moi, je n'accepterai jamais des principes tellement contraires aux sentiments de mon cœur ». L'abbé de Scorbin me quitta; je ne l'ai jamais revu depuis.

Nous en étions encore à cette période d'indécision où les ambitions hésitantes cherchent le parti le plus avantageux à embrasser. Les royalistes fidèles résistèrent au courant de la défection; beaucoup de ceux devant lesquels se dressait l'angoissante question du pain quotidien, espéraient pouvoir attendre qu'un retour de fortune des princes légitimes vînt leur épargner la douleur de céder devant la nécessité. C'est ainsi que je rencontrai une foule d'anciens gendarmes qui ne voulaient pas reprendre du service. Je me promis de les utiliser pour la cause du roi, dès la première occasion favorable.

Sur ces entrefaites, je reçus la visite de Charles de Kersabiec. Il me dit que Mme la duchesse de Berry viendrait bientôt en Vendée; qu'elle avait réuni à Massa, d'où il arrivait, un grand nombre de chefs vendéens qui avaient donné à Madame leur avis sur la situation, à la suite de quoi un mouvement avait été décidé; que l'on comptait sur moi; qu'il y avait à Paris un comité royaliste formé, dont M. de Kergorlay était le chef, et que ce dernier désirait me voir. Nous nous rendîmes tout de suite chez ce gentilhomme. Il me demanda de quelles ressources je pourrais disposer pour le service de

Madame. Je lui dis que plusieurs de mes anciens gendarmes étaient demeurés pour moi des amis fidèles, que je n'en savais pas exactement le nombre, mais que, dès le lendemain, je pourrais lui procurer ce renseignement. J'allai trouver un adjudant très au courant de la chose. Il me désigna quatre-vingts gendarmes, prêts à partir au premier signal.

Cette nouvelle fit grand plaisir au comité, Madame en fut immédiatement informée. Huit ou quinze jours se passèrent sans que j'entendisse parler de rien; les gendarmes s'impatientaient, le gouvernement leur offrait du service, ils voulaient savoir immédiatement s'ils devaient accepter ou refuser. Je rendis compte de la situation au comité. On me dit qu'on n'avait pas encore de réponse à me donner. Alors, ne pouvant prendre sur moi de briser l'avenir de ces braves soldats, n'ayant aucun moyen de les dédommager de la perte de leur carrière, je fus obligé de les laisser accepter des emplois. M. Aimé de Bourmont vint me voir avec Charles de Kersabiec, pour m'expliquer un plan d'organisation par décuries et centuries. Nous restâmes longtemps à en causer dans ma chambre. Le lendemain, M. de Crouzeilles recevait l'invitation de passer chez le préfet de police, qui lui raconta tout ce qui s'était dit chez moi, et qui le pria de m'engager à cesser mes relations avec des personnages suspects.

J'avais bien remarqué, en ouvrant ma porte, qu'un domestique se tenait debout dans le corridor, et qu'il avait paru un peu embarrassé; c'était lui le dénonciateur, la chose était évidente. La police joue toujours un grand rôle dans l'établissement d'un gouvernement nouveau; les ministres de Louis-Philippe se servaient de cet instrument avec habileté.

Mme de Crouzeilles n'ignorait pas mes relations avec les royalistes; elle me dit un jour: « Je saurai bien vous empêcher de faire une folie ». J'étais en effet très décidé à répondre au premier appel, et je n'eus pas longtemps à attendre. Au commencement de juin, je reçus un mot de Charette qui m'annonçait son arrivée en Vendée, et qui m'y donnait rendez-vous avec tout le monde dont je pourrais disposer. Mme de Crouzeilles devait partir pour sa terre près de Dieppe; elle m'avait permis de rester quelques jours après elle à Paris où je devais, prétendis-je, m'occuper du règlement des indemnités auxquelles j'avais droit pour la perte de mes effets, lors du pillage de la caserne Saint-Martin. Profitant du départ de la baronne, je préparai activement le mien et celui des gendarmes sur lesquels je pouvais compter. Je lui écrivis ma détermination d'accomplir ce que je regardais comme mon devoir.

Le nombre des gendarmes qui avaient pu attendre sans se replacer le moment si impatiemment attendu, était malheureusement devenu très restreint; enfin, je parvins à en réunir une vingtaine. J'emmenai avec eux un jeune étudiant, M. M... (1), et un sous-officier d'infanterie de la garde royale, le baron du Tillet. M. de Kergorlay m'avait remis les instructions et les fonds nécessaires pour le voyage de tout ce monde, que je dirigeai sur Nantes par petites fractions et par des voies différentes. Mais la police éventa mes projets. Un gendarme trop zélé s'étant adressé à un Suisse de ses amis, qui avait des camarades très bien disposés pour la cause royale, il lui confia qu'on recrutait pour la Vendée. Le Suisse fit une propagande fructueuse, mais le départ de tant d'étrangers pour Nantes donna l'éveil aux mouchards; les diligences furent surveillées, une grande partie des braves soldats arrêtés. Les cinq gendarmes qui avaient pu s'embarquer le premier jour arri-

(1) Cette initiale figure seule sur le manuscrit.

vèrent seuls à destination. A Nantes, nous étions une douzaine de royalistes venus de Paris pour le soulèvement; on nous dispersa dans des familles amies. Je passai quelques jours chez Charles de Kersabiec, lieu de réunion habituel des légitimistes les plus dévoués et les plus résolus.

Ce fut vers ce temps-là que le corps du malheureux Amédée de Bourmont, tué à la prise d'Alger, fut rapporté à Nantes par voie de mer, pour être remis à sa famille. Le maréchal, son père, ni aucun de ses frères n'étaient alors en France. On crut tout naturel de le déposer chez M. X... (1). Celui-ci ne voulut pas le recevoir, de peur de se compromettre. Il avait déjà fait disparaître les armes du portail de sa maison : c'était bien l'homme le plus pusillanime qu'on pût voir.

Nous étions une quinzaine à table chez Kersabiec; cette lâcheté nous parut si abominable que nous prîmes tous l'engagement de ne jamais nous trouver dans la même pièce que ce personnage sans le prier d'en sortir. Le corps

(1) Les événements de 1830 ne sont pas encore assez lointains pour que nous donnions le nom de ce personnage, dont la famille est encore très honorablement représentée dans l'Ouest.

du pauvre Amédée fut débarqué et abandonné sur la cale ; il y resta toute une journée, exposé aux insultes d'une ignoble populace. Un ami de la famille fut obligé de venir chercher le cercueil et de le faire conduire à Bourmont.

Cependant j'étais fort inquiet de ne voir arriver aucun de mes gendarmes, quand j'appris l'intervention de la police. Par prudence, je fus obligé de me cacher et de chercher un autre refuge, car j'avais besoin de ma liberté. Mlle Stylite de Kersabiec me trouva un asile chez un brave homme appelé Moreau, menuisier dans la Haute-Grande-Rue. C'était le frère de la fameuse Charlotte Moreau, femme de chambre de Mlles du Guiny. Ni l'or ni les menaces de la police ne purent, on le sait, décider la brave fille à dire ce qu'elle savait du séjour de S. A. R. Madame chez ses maîtresses. Une souscription fut ouverte spontanément après les événements en sa faveur et en celle de sa digne compagne Marie Bossis ; elle dépassa vingt mille francs et leur procura une honnête aisance à toutes deux.

Je demeurai trois semaines chez Moreau, sans jamais sortir, et, je dois l'avouer, je m'y ennuyai à mourir. Il faisait une chaleur excessive. Mme de M... vint me voir ; j'espérais qu'elle pourrait me recevoir chez elle à la campagne, car je n'étais pas encore compromis, et je désirais me conserver frais et dispos pour le moment où j'aurais à payer de ma personne. Mme de M... parut embarrassée; elle finit par me dire qu'elle n'était pas la maîtresse chez elle, et qu'elle regrettait de ne pouvoir m'offrir un asile où, elle le reconnaissait, je me trouverais beaucoup mieux, au double point de vue de la sécurité et de la santé.

Mes hôtes étaient trop petitement logés pour que je pusse y rester; Mlle Stylite de Kersabiec me prit chez elle. Je fus heureux de ce changement, malgré l'empressement et la générosité avec lesquels le brave Moreau et sa famille mettaient à ma disposition tout ce qu'ils possédaient. Je voyais plus de monde dans ma nouvelle demeure, et j'y avais plus d'air. Ce fut peu de jours après mon arrivée chez Mlle de Kersabiec que je reçus la visite de Mlle Billou. Je la voyais pour la première fois : elle était bien modestement vêtue, et avait l'air très timide. Ses grands yeux baissés n'osaient pas rencontrer mon regard. Elle venait me demander si j'étais bien sûr des gendarmes que j'avais amenés à Nantes, et dont deux étaient logés chez sa mère. Ils commençaient à s'ennuyer, et elle me priait de venir leur faire prendre patience. Je la rassurai, et je lui promis de me rendre à son désir le plus vite possible.

L'occasion de tenir ma parole ne tarda pas à se présenter. Nous approchions du 30 juillet, et ce jour-là on devait célébrer à Nantes l'anniversaire des *Glorieuses*. Mlle Stylite s'attendait à voir son logis visité par la canaille; elle me proposa d'aller passer le temps des saturnales chez Mme Billou. J'acceptai avec empressement, car je commençais à m'inquiéter du peu de patience de mes braves gendarmes. Je devais me présenter chez Mme Billou le 29, vers les huit heures du soir, et demander à parler à Françoise. Ainsi fut fait. Mme Billou m'attendait devant sa porte. Elle me pria de la suivre et me conduisit, par un escalier très noir, dans une chambre du premier étage où je trouvai les gendarmes Tordo et Journée, le fameux Robert (1) et toute la famille de Mme Billou, moins Mlle Cavalin. Je fus reçu avec une cordialité inoubliable, et je me sentis tout de suite chez moi. J'appris que le général de Charette avait passé plusieurs semaines dans la maison,

(1) Chef d'une des divisions du Marais, et soupçonné de trahison; pour ne pas être obligé de le fusiller on le fit passer à l'étranger.

et qu'il était parti la veille, après avoir donné à Robert l'ordre de se rendre à son poste, à la tête des réfractaires du Marais placés sous ses ordres. Le père de cet officier avait servi avec distinction pendant la grande guerre et s'était rendu très redoutable aux bleus. On croyait son fils plus terrible encore : on *voyait* celui-ci sur tous les points de la région à la fois ; il échappait à toutes les poursuites, faisait trembler tous les cantonnements ; les journaux étaient pleins de ses hauts faits, de son infatigable activité, de ses habiles marches et contremarches qui déroutaient les poursuites les plus acharnées de la troupe. C'était un héros insaisissable, tenant en échec toutes les forces civiles et militaires du pays.

Tout cela n'était que fiction ! Le célèbre Robert vivait paisiblement chez Mme Billou, et ne semblait guère pressé d'exécuter les ordres du général. C'est lui-même qui nous les fit connaître, ajoutant, en s'adressant à moi personnellement, qu'il ne se souciait en aucune façon de coucher à la belle étoile, le ventre vide, et encore moins de s'exposer à tomber entre les mains des soldats. J'étais loin de m'attendre à trouver un pareil langage dans la bouche d'un *héros !* Je lui répondis avec indignation : « Comment! Monsieur, vous avez reçu un ordre et vous hésitez? Vous partirez ce soir, et je suis bien décidé à ne pas coucher sous le même toit que vous. Partez, faites votre devoir, ou sortez de nos rangs ». Robert dut s'exécuter. Mlle Billou se dévoua pour le conduire à la Marionnière (1) où il devait trouver un guide avec lequel il regagnerait le Marais. Elle traversa en compagnie du pseudo-héros toute la foule en train de fêter les *Glorieuses*. C'était le bon moment pour passer inaperçu; les voyageurs arrivèrent sains et saufs à la Marionnière. Le lendemain, de grand matin, Mlle Billou était de retour chez elle, après avoir marché toute la nuit sans prendre le moindre repos; elle se remit au travail dans les magasins de sa mère, comme si elle avait parfaitement dormi depuis la veille.

(1) Propriété de M. de Kersabiec.

XXIII

Courage des demoiselles Billou. — On se débarrasse de Robert. — Les *pancaliers*. — Charette et La Robrie. — Les contre-ordres. — Dangereux commencement d'incendie.

Je n'avais pas eu de peine à calmer mes bons gendarmes; ils avaient été ravis de me revoir. Devant l'accueil si charmant des Billou, je n'hésitai pas à prolonger mon séjour dans cette maison hospitalière. On ne saurait s'imaginer les soins délicats et généreux dont nous étions l'objet; tous rivalisaient pour nous de zèle et de dévouement. Le fils de Mme Billou, fort jeune encore, ne semblait vivre que pour nous être utile et favoriser nos entreprises. Sa bonne mère se dépensait et se sacrifiait pour la cause, dans toute l'étendue de ses forces et de ses ressources; son grand cœur guidait toutes ses actions. Les trois jeunes filles de la maison ne connaissaient ni heures, ni distances, ni fatigues, ni dangers. Aucune famille de France n'a été si dévouée à sa foi politique, n'a suivi plus noblement la voie de l'honneur et de la fidélité.

Le départ du fameux Robert me laissait seul avec mes deux gendarmes et M. du Tillet; ce ne fut pas pour longtemps. Au bout de huit jours, ledit Robert reparut, n'ayant pas eu le courage d'aller rejoindre ses réfractaires. En quittant la Marionnière, il s'était rendu au château du Moulin-Henriette, chez Mme de Charette de Boisfoucauld. Je le reçus assez mal, et dès lors je ne fus pas sans inquiétude sur les conséquences que pouvait avoir une lâcheté aussi impardonnable. Certains propos, certains procédés très équivoques nous firent douter de sa fidélité. On décida de le faire sortir de France, et on retint sa place sur un navire prêt à partir pour la Suède. Notre homme muni d'un passeport, Hyacinthe de la Robrie (1) fut chargé d'aller l'embarquer à Paimbœuf. Nous n'en entendîmes plus parler jusqu'au départ de Madame pour Blaye. Il revint alors en France, mais il n'osa jamais se présenter devant aucun de nous.

Dans notre refuge, nous passions tout notre temps à préparer des munitions pour la prise d'armes, qu'on nous faisait espérer comme prochaine : elle devait avoir lieu tout d'abord à l'anniversaire du 29 juillet, puis elle fut remise

(1) Fils du vieux héros vendéen.

au mois d'octobre. A la faveur de ces retards, il s'était formé parmi les légitimistes un parti de parlementaires, qui, préférant la parole à l'épée, s'opposaient à un mouvement armé. Nous les appelions les *pancaliers*, ne leur supposant pas beaucoup de *cœur* (1). Ils travaillaient avec une ardeur infatigable à entraver tous les efforts que nous faisions pour obéir aux ordres de Madame et réaliser ses plus chères espérances.

Les campagnes étaient parfaitement disposées; Charette parcourait toutes les paroisses de son corps d'armée; il était en très bons rapports avec une partie des anciens chefs, auxquels il avait laissé leurs grades et leurs commandements de la dernière guerre. Il s'était tout d'abord présenté chez le vieux Hyacinthe de la Robrie, que la Restauration avait délaissé, bien qu'ayant reconnu la fausseté des accusations portées contre lui (2). L'ancien major général de l'armée du grand Charette reçut le baron de Charette avec un bonheur inexprimable, en lui

(1) En Vendée, nous l'avons dit, on appelle *pancaliers* des choux très hauts sur tige, qui *manquent de cœur*.

(2) On l'accusait d'avoir livré le grand Charette : bien que cette accusation eût été reconnue comme absolument calomnieuse, les princes se montrèrent d'une honteuse ingratitude envers le plus dévoué des chefs vendéens. Le nom de La Robrie est certainement un des plus glorieux de la Vendée militaire.

ouvrant les bras, et cette entrevue confondit une fois de plus les calomniateurs d'un des plus nobles, des plus chevaleresques, des plus glorieux héros des guerres de l'Ouest. L'expérience du vieux Vendéen fut très précieuse au général; pendant l'hiver suivant, ils travaillèrent ensemble à préparer les populations à prendre les armes au premier signal. Les réfractaires, assez nombreux, devaient être fort utiles comme troupes d'avant-garde. Quant au gouvernement de Louis-Philippe, il était très inquiet de l'attitude de la Vendée; l'armée manquait de cohésion, beaucoup d'officiers rappelés à l'activité étaient criblés de dettes, et d'une valeur morale très médiocre. L'esprit révolutionnaire de Paris n'avait pas encore envahi les campagnes; c'eût été le bon moment pour les royalistes d'attaquer le nouveau pouvoir encore mal affermi. Mais les *pancaliers* ne voulaient pas se battre. Après avoir fait remettre la levée de boucliers au mois d'octobre, ils obtinrent qu'on l'ajournât au printemps suivant, sous prétexte qu'on devait laisser les paysans effectuer leurs semailles, et que l'hiver n'était pas une saison favorable aux opérations militaires. Il fallut donc passer la mauvaise saison dans une inaction funeste pour la réussite du mouvement, car chaque jour de retard accroissait les forces de l'ennemi. Nous ne perdîmes cependant pas courage; nous fondions des balles, nous fabriquions des cartouches du matin au soir. Nous en avions une assez grande quantité de prêtes, entassées dans une cachette entre deux cloisons en planches, dont l'une était voisine de la cheminée où nous avions notre fourneau à fondre le plomb. Un jour, après avoir travaillé toute l'après-midi à cette opération (très fatigante, car nous n'avions qu'un moule faisant vingt balles à la fois, mais de calibres différents), nous éprouvâmes un vif désir de prendre l'air. Nous ne pouvions nous hasarder au dehors que le soir. Avant de sortir, nous mîmes nos ustensiles dans la cheminée, afin de les dérober aux yeux des indiscrets. Nous n'étions pas arrivés place Royale que Mme Billou aperçut, de la grande chambre où elle se tenait, une lueur dans celle que nous venions de quitter, et dont, heureusement, nous avions laissé la porte ouverte. Elle dit à sa fille Eulalie : « Va donc gronder la domestique; malgré ma défense, elle a encore posé sa chandelle par terre ». Mlle Eulalie, en entrant dans la pièce, vit le devant de la cheminée en feu; les flammes commençaient à atteindre un fauteuil adossé à la cloison de planches derrière laquelle se trouvaient plus de 40 000 cartouches, avec un sac de poudre à mine d'une trentaine de livres. Quoique nerveuse et très impressionnable, la jeune fille ne poussa pas un cri, chose fort heureuse, car on aurait pu l'entendre du dehors ; elle courut avertir que le feu était à la cheminée. M. Litoux, son oncle, était là ; prenant un seau plein d'eau qui se trouvait dans un cabinet de toilette, il le jeta sur la partie de la cheminée en ignition, et, d'un seul coup, il éteignit le commencement d'incendie, juste à temps pour éviter une explosion qui eût pu faire sauter une partie du quartier.

Un des gendarmes, avant de sortir, avait eu l'imprudence de remettre le fourneau imparfaitement éteint, et de placer au-dessus le seau à charbon. L'intervention de la Providence nous préserva seule d'une catastrophe.

Peu de temps après cette alerte, nos gendarmes firent un petit voyage à Paris pour aller voir leurs familles; ils furent remplacés chez Mme Billou par MM. de Bonnechose et Tancrède de Beauregard, appartenant tous deux au corps d'armée de Mme de la Rochejaquelein (1).

(1) Auguste de la Rochejaquelein, commandant titulaire de ce corps d'armée, était toujours en voyage ; c'était sa femme qui le commandait effectivement.

XXIV

Manœuvres des *pancaliers*. — MM. de Bonnechose et de Beauregard. — Préparatifs de guerre. — Départ de Louis de Bonnechose. — Tristes pressentiments.

Le temps d'arrêt que nous étions obligés de subir, en attendant le printemps, fut bien fatal à la cause royale. Le parti *pancalier* travaillait à empêcher le mouvement. Les réfractaires, très nombreux maintenant, devaient subir des fatigues et des privations cruelles pour échapper aux poursuites de l'ennemi; leur dévouement et leur persévérance étaient mis à une trop rude épreuve par les perpétuels ajournements de la prise d'armes. Les rigueurs de la saison, l'inaction, la juste méfiance que leur inspirait la mésintelligence régnant entre les chefs, leur rendaient bien difficiles l'obéissance et la discipline indispensables au succès de la cause. Le pauvre général de Charette avait mille obstacles à surmonter, des difficultés sans nombre à vaincre. Plusieurs de ses chefs de division étaient passés aux *pancaliers* et paralysaient le zèle des paysans, généralement favorables à l'idée d'un soulèvement, malgré le mauvais effet produit par des contre-ordres sans cesse renouvelés. Les chefs des trois corps d'armée de la rive gauche de la Loire, Charette, d'Autichamp et Mme de la Rochejaquelein, ne devaient rien entreprendre avant le printemps, époque à laquelle Madame arriverait en Vendée.

Les *pancaliers,* race prudente, avaient posé leurs conditions : ils avaient convenu avec Madame que la Vendée ne prendrait les armes que si le Midi se soulevait préalablement et remportait des succès; dans aucun cas la Vendée ne commencerait le mouvement. En agissant ainsi, ces messieurs espéraient rendre toute action impossible et rallier les hommes d'épée à leur tactique du parlementarisme; champ de bataille des bavards, où la victoire appartient rarement aux plus braves. Les *pancaliers* préféraient les coups de langue aux coups de fusil.

Ce fut pendant cette espèce de suspension d'armes que MM. de Bonnechose et Tancrède de Beauregard, officiers de l'état-major de Mme de la Rochejaquelein, vinrent s'installer chez Mme Billou, avec le baron du Tillet et moi. M. de Bonnechose était un charmant jeune homme de dix-neuf ans, plein de cœur et d'honneur, d'une société très agréable et d'une vaillance à toute épreuve. Tancrède de Beauregard était un garçon original, se noyant dans une goutte d'eau et passant les neuf dixièmes de son temps à chercher les objets dont il avait besoin, et qu'il égarait toujours; nous vécûmes ensemble en fort bonne harmonie pendant trois ou quatre mois. Du même âge que M. de Bonnechose, le jeune Billou nous tenait toujours compagnie; il se mettait à notre entière disposition pour toutes les courses que nous avions à faire en ville. Il était en rapport avec les séminaristes, ses anciens condisciples (1); par l'intermédiaire de M. Le Huédé (2), il entretenait les dispositions de ces braves jeunes gens qui, au nombre de deux cents, se tenaient prêts à nous rejoindre au premier appel. Mme et Mlles Billou étaient infatigables. Elles sortaient de la ville des munitions et des armes qu'elles cachaient sous leurs vêtements, s'exposant sans cesse avec un dévouement inspiré par un ardent amour de la religion et du roi, amour héréditaire dans les

(1) Plusieurs séminaristes rejoignirent les insurgés royalistes au moment de la prise d'armes, malgré la très molle défense de l'abbé de Courson, leur supérieur.

(2) Le séminariste Le Huédé se conduisit bravement et fut blessé grièvement au combat du Chêne.

cœurs de cette incomparable famille. J'ai vu Mlle Aimée Billou (aujourd'hui ma femme) partir à dix heures du soir, pour porter des ordres au château de Carheil, à quatorze lieues de Nantes, en traversant la forêt du Gâvre ; je l'ai vue aller à Machecoul et en revenir le soir même à minuit, montée sur un lourd cheval de meunier. Une nuit elle guida M. de Puiseux, aide de camp de Charette, à travers mille dangers. Une autre fois, ce fut M. Le Beschu de Saint-Savien qu'il fallut conduire à la Charlière, près de la Chapelle-sur-Erdre, chez M. de Laubépin. Le rendez-vous était à la croix de mission du grand portail de la cathédrale. M. Le Beschu se fit attendre longtemps, et la dévotion de Mlle Aimée fut mise à une rude épreuve. A tout instant on faisait appel au dévouement toujours prêt, au zèle, au courage, à l'intelligence de Mme Billou, de ses filles et de son vaillant fils.

Cependant l'hiver s'écoulait ; nous attendions le printemps comme des prisonniers attendent leur libération. Un jour des ordres inopinés vinrent rompre la monotonie de notre réclusion, réclusion, je le répéterai sans cesse, rendue la plus douce possible par nos excellents hôtes. Bonnechose avait reçu l'ordre d'aller rejoindre les réfractaires du corps La Rochejaquelein, pour leur remonter le moral et les dresser au maniement des armes, et moi celui d'aller diriger une fabrique clandestine de poudre. Mme Billou réunit quelques amis pour notre dîner d'adieux. Ces adieux furent plus tristes qu'ils n'auraient dû l'être; Bonnechose semblait avoir le pressentiment de sa fin prochaine (1). Au moment du départ, il embrassa tendrement Mme Billou, la serra dans ses bras en l'appelant « sa bonne mère » et en se recommandant à ses prières. J'en fis autant, et nous partîmes dans la nuit, chacun de notre côté, pour ne plus nous revoir que dans l'éternité (2).

. . . .

(Ici finit le manuscrit de M. La Roche; il

(1) « Lui si joyeux d'ordinaire, il paraissait triste et préoccupé. Étonné, on l'interroge. Il répond qu'il a reçu l'ordre de se tenir aux environs de Montaigu : « Plaignez-moi, ajoute-t-il, car je vais mourir avant l'heure du combat. Dieu ne permettra pas que je meure à vos côtés ». Et il laissa ses hôtes pénétrés d'une mystérieuse angoisse. (*Le dernier effort de la Vendée*, p. 89).

(2) Louis de Bonnechose fut mortellement blessé à la ferme de la Goyère, où il était caché. Après avoir subi pendant plusieurs heures les mauvais traitements de la troupe, il fut transporté mourant à l'hôpital de Montaigu. Son courage, sa douceur, sa résignation devant la mort touchèrent les cœurs de ses bourreaux, dont plusieurs pleuraient autour de son lit, pendant sa douloureuse agonie.

devait sans doute avoir une suite, qui aura été perdue, ou peut-être volontairement détruite. Heureusement les souvenirs inédits de Mme La Roche (née Billou) le complètent fort bien, et nous les donnons ci-contre.)

EXTRAIT DES SOUVENIRS DE Mme LA ROCHE, NÉE BILLOU

Arrivée chez nous d'officiers royalistes. — Aventure de l'espingole. — Je transporte des armes. — Dangereuse situation. — Deux jeunes gens trop peu zélés. — Je fais sortir M. de Puyseux. — Terribles perplexités. — Aventure de Machecoul. — Chevauchée de nuit. — Je guide le maréchal de Bourmont déguisé en malade. — Un malin sacristain. — Arrestation du bonhomme Corgnet. — La prise d'armes. — Dangers que court mon frère. — Arrestation de M. La Roche. — Mort de mon frère. — Acquittement de M. La Roche. — Je deviens sa femme.

En 1829 je perdis mon vénéré père. A partir de 1830, ma vie entra dans une phase nouvelle.

La chute de Charles X, les douloureux événements qui l'accompagnèrent ou la suivirent, furent pour ma mère un coup terrible. Toutes les horreurs qu'elle avait vues pendant la Révolution (1) lui semblaient menacer de nouveau la France; l'intensité de nos inquiétudes nous consolait presque de la mort de notre cher père, qui ne verrait plus de semblables calamités. Les

(1) Les notes de Mme La Roche contiennent des pages fort intéressantes sur la période révolutionnaire à Nantes.

préparatifs de l'insurrection légitimiste ne tardèrent pas à réveiller notre énergie. Courageuse comme elle l'avait toujours été, ma mère consentit à recevoir chez elle les chefs compromis, et, à partir du 1er avril 1831, elle en eut toujours jusqu'à six ou sept à la fois. Pour hâter le retour du roi, rien ne lui paraissait impossible. Tous ses enfants étaient animés du même zèle.

Dans les premiers mois de l'année 1831, beaucoup de chefs royalistes se mirent à la disposition de la duchesse de Berry, et un soulèvement fut décidé, avec l'autorisation de Charles X. Pour correspondre plus librement avec ses partisans, Madame quitta l'Écosse et s'en alla sur les côtes du Piémont. M. Charles de Kersabiec se rendit auprès d'elle pour prendre ses instructions; il passa par Paris en revenant et il se mit en rapport avec M. La Roche, officier de gendarmerie démissionnaire en 1830, qu'il savait tout dévoué au parti. Cet officier reçut l'ordre de réunir ceux de ses anciens gendarmes sur lesquels il pouvait compter, et de les diriger sur Nantes. Il en envoya quatre (1), les nommés Convins, Tordo, Journée et Dumanoir. Le jour de leur arrivée, Mlle Stylite de

(1) Gendarmes de Paris.

Kersabiec vint à la maison me prier de recevoir Tordo et Journée. Ma mère était à la campagne, je fis quelques difficultés pour les laisser entrer. Le lendemain, je m'aperçus qu'il serait très difficile de tenir cachés dans une maison aussi fréquentée que la nôtre des hommes si remuants, si incapables de rester enfermés dans une chambre. J'allai prier Mlle de Kersabiec de leur trouver un gîte plus isolé et plus spacieux : ma mère devait rentrer dans l'après-midi, je désirais qu'elle ne trouvât pas les deux hommes chez elle. Après bien des arguments échangés de part et d'autre, il fut convenu que M. La Roche, leur capitaine, viendrait à la maison, qu'il y passerait une nuit et la journée du lendemain, et qu'il calmerait ses subordonnés. M. La Roche n'y réussit qu'à la condition de rester avec eux : sans cela, ils étaient décidés à partir. Il fut bien obligé d'en passer par là, pour le moment du moins, car dans la suite, il s'absenta fréquemment pour organiser l'insurrection; mais il avait soin de revenir souvent remonter le moral aux deux reclus, qui, finalement, ne nous quittèrent pas jusqu'à la prise d'armes de juin 1832.

Nous avions aussi comme hôte Robert, le fils du fameux Robert, chef de la division du Marais pendant les grandes guerres ; il passa trois mois chez nous. Bientôt on nous pria de recevoir en plus M. de Bonnechose, ancien page, qui avait quitté Madame au moment où la princesse partait pour l'Italie, et M. Tancrède de Beauregard. Ils passèrent l'hiver à la maison. Nous avions aussi de temps en temps M. du Chillou, dit Jean Dubois (1), M. Martin de Pinzeno (2) et M. de Charette. Ces messieurs ne restaient pas inactifs : ils confectionnaient des munitions qu'ils cachaient dans une double cloison pratiquée dans leur chambre. Un soir ils faillirent faire sauter tout le quartier, par suite d'une imprudence.

Enfin, après de longs mois de captivité volontaire, pendant lesquels ma mère leur avait prodigué les soins les plus maternels et procuré toutes les distractions possibles, les emmenant, dans la nuit du samedi au dimanche, à notre jardin de la route de Rennes, ou bien passer quelques jours à notre propriété de Couffé, après de longs mois de captivité, dis-je, l'annonce de la prise d'armes vint ranimer leur ardeur. Mais alors commença pour nous une

(1) Les chefs royalistes prenaient des noms de guerre pour signer leurs ordres et leur correspondance.
(2) Nous lisons mal ce nom sur le manuscrit.

suite de fatigues et de dangers bien plus sérieux que les précédents. Il nous fallait transporter des munitions sur certains points indiqués. Ma mère, mes sœurs et moi nous fûmes toujours assez heureuses pour y réussir, à travers mille dangers qu'il serait trop long de rapporter ici. Je vais pourtant raconter une de mes expéditions où les choses ne marchèrent pas toutes seules.

On m'avait priée d'aller prendre, chez M. de Kersabiec, une magnifique espingole dont le canon était très long, et cela en plein jour. Le seul moyen d'y parvenir était de démonter l'arme et d'attacher les deux parties avec une corde que je passai autour de mon cou. M. de Kersabiec demeurait rue des Minimes; j'étais obligée de passer devant le château. Il pleuvait à verse; il me fallait à la fois tenir mon parapluie et maintenir le canon et le bois de l'espingole qui se balançait sous mon manteau. Arrivée en face du château, la corde casse! Me voilà bien embarrassée, avec mon parapluie et les deux pièces de l'espingole qui me glissent sous les bras. Malgré le froid, la sueur me coule sur le front. J'entre dans la première allée de la rue Basse-du-Château. Je ferme mon parapluie, je me prépare à réparer mes avarics, quand j'entends quelqu'un descendre l'escalier. Je sors bien vite dans la rue et j'enfile l'allée suivante, où je parviens, non sans peine, à rattacher sous mon manteau, avec ma ceinture, les deux morceaux du malencontreux fusil. Grâce à la protection du Ciel, je pus rentrer chez moi saine et sauve.

La saisie des papiers de M. de l'Aubépin (1) donna l'éveil à la police. Le jour du soulèvement une fois connu, il y eut naturellement un grand coup de feu d'ordres à porter, d'armes à expédier, et un grand va-et-vient d'officiers royalistes. La police connaissait maintenant leurs noms. La ville fut mise en état de siège, l'ordre fut donné de visiter tout ce qui passerait aux postes de Pirmil et de Pont-Rousseau. Des postes semblables furent établis dans tous les bourgs, sur toutes les routes de la Vendée.

Le jour où cette mesure fut prise, je sortais de Nantes dans un fiacre chargé de carabines, de poignards, de chapeaux cirés, que j'avais été prendre chez l'armurier Aubron, rue Contres-

(1) M. de l'Aubépin avait mis dans des bouteilles l'ordre de mouvement et tous les papiers concernant la prise d'armes; ces bouteilles étaient si maladroitement cachées dans un buisson qu'on les trouva tout de suite au cours d'une visite domiciliaire, le 30 mai 1832. Le gouvernement ainsi renseigné, la prise d'armes n'avait plus aucune chance de succès.

carpe. J'arrivais sur le pont de la Poissonnerie au moment où la troupe qui allait occuper le poste de Pirmil y arrivait aussi. Mes armes étaient apparentes, je n'avais rien pour les couvrir qu'un tablier de dimensions très insuffisantes. Je me recommandai à la Sainte Vierge ; le cœur me battait bien fort. Le bataillon gagne du terrain sur moi, mon fiacre ayant été arrêté par un embarras de voitures sur le pont de Pirmil. Me voilà au milieu des soldats ! Je récite un *Salve Regina*. Enfin j'arrive à Pirmil avant que le pont soit fermé.

Je fus la dernière personne qui passa sans être fouillée. Je me rendis au château de Rezé, où ces messieurs m'attendaient au bout de la deuxième avenue. Arrivée là je descendis et m'en revins à pied, le plus vite que je pus. A Pont-Rousseau je trouvai ma mère, qui, très inquiète sur mon sort, était venue au-devant de moi.

Le soir je conduisis à Rezé, par le passage, deux jeunes gens que j'étais allée prendre à l'hôtel de France. Je venais à peine de les quitter, dans la rue de Pont-Rousseau, quand je les entendis revenir sur leurs pas. S'il fallait coucher à la belle étoile, me dirent-ils, ils préféraient retourner à l'hôtel, et ils me priaient de les y ramener. Je leur répondis que beaucoup de royalistes les valant bien couchaient à la belle étoile, que je m'étais exposée pour les conduire tous deux, mais que, désormais, ils ne devaient plus compter sur moi.

Cependant le jour de la prise d'armes approchait, il fallait faire sortir de Nantes M. de Charette, M. de Puyseux et un autre officier dont je ne me rappelle pas le nom (1). Les postes étaient d'une rigueur extrême. M. de Charette, déguisé, devait partir avec ma mère, M. de Puyseux avec moi, et le troisième avec mon frère. Le rendez-vous était à la Croix-Blanche, route de Machecoul. Je ne connaissais pas cette route : on me dit qu'une fois au bout de la rue Dos-d'Ane, il fallait tourner toujours à droite. Je me conformai trop fidèlement à cette indication ; au lieu de prendre la route de Machecoul, je suivis celle des Couëts, où nous arrivâmes à dix heures. Nous n'y trouvâmes naturellement pas nos amis. Il faisait clair de lune, nous ne pouvions rester où nous étions, de crainte d'être remarqués ; nous blottir près d'une haie n'était pas possible. Alors, sans nous éloigner beaucoup, nous nous mîmes à faire les cent pas.

(1) Probablement M. Prévost de Saint-Mars.

Toujours rien ! Onze heures, minuit arrivent. J'étais dans une anxiété cruelle, je craignais que M. de Charette n'eût été pris avec ma mère. Que faire ? Je ne connaissais nullement le pays. Une heure. Que devenir, avec un jeune homme condamné à mort? Je lui demandai de se mettre à genoux, au pied du calvaire des Couëts près duquel nous étions arrêtés, le prenant pour le lieu du rendez-vous, et de dire notre chapelet pour obtenir la protection de la Sainte Vierge. M. de Puyseux s'agenouilla, nous dîmes un chapelet : aucune idée ne nous vint. Il était une heure et demie, je n'avais plus d'espoir. Tout à coup j'eus l'inspiration de réciter un *Memorare* et un *Ave,* en l'honneur de notre ange gardien, pour qu'il nous servît de guide. Nous nous agenouillâmes de nouveau. Nous priions avec ferveur lorsque, telle un éclair, la pensée que peut-être nous n'avions pas pris le bon chemin traversa mon esprit. Ce fut comme un rideau s'ouvrant devant mes yeux. Je proposai à M. de Puyseux de retourner sur nos pas, et de prendre la route que nous avions vue avant de nous engager sur celle des Couëts. Nous rebroussâmes donc chemin, nous retrouvâmes la route de Machecoul, et nous la suivîmes jusqu'à la Croix-Blanche que nous découvrîmes facilement : elle était plantée au coin de la route de Clisson. Nous cherchâmes autour de nous, au pied du calvaire, si on ne nous avait pas laissé quelque signe de passage : rien!

Je savais que le rendez-vous général était à la Marionnière, près le Pont Saint-Martin, mais par où y aller? Nous prîmes au hasard la route transversale. O surprise! nous tombâmes sur le poste des Sorinières. Heureusement nous ne fûmes pas aperçus. Nous retournâmes doucement sur nos pas, en nous coulant le long d'une haie, et nous nous trouvâmes de nouveau près de la croix. Alors je me sentis inspirée par mon bon ange : « Tenez, dis-je, ce bourg n'est pas sur notre route, il est dans les terres. Eh bien! allons droit devant nous, notre bon ange va nous guider ».

Nous sautons par-dessus le fossé, nous entrons dans un champ, nous le traversons, nous franchissons un talus; nous traversons un autre champ. Alors un orage éclata; le temps devint si noir que nous ne distinguions plus ni arbres ni fossés. La pluie tombait à torrents, nous marchions tout de même. Près d'un fossé plein d'eau, la terre était glissante : j'y tombai jusqu'aux genoux. Enfin l'orage cessa et le jour parut. Il était quatre heures. Nous aperçûmes un château. J'en fus heureuse, et je résolus d'aller m'informer de l'endroit où nous nous trouvions. Je frappai à la porte. J'aurais voulu ne pas faire trop de bruit, mais une meute de chiens se mit à aboyer. Une jeune servante vint m'ouvrir. Je lui demandai si nous étions loin de la Marionnière. « Nenni, me dit-elle. Descendez ce petit chemin et vous êtes rendue ». Je touchais donc au but, moi qui ne savais même pas dans quelle région je me trouvais !

J'avais prié M. de Puyseux de se tenir caché dans un fourré bien épais, où il ne pourrait pas être vu ; je lui avais laissé un gros panier tout rempli d'objets compromettants, panier qui était bien lourd ! Je retrouvai le pauvre jeune homme si fatigué qu'il ne voulait plus se lever. Je le stimulai par la pensée que nous touchions au port, et qu'il allait pouvoir se reposer à son aise. Je repris mon panier, et quelques minutes plus tard nous étions à la Marionnière.

On y était fort inquiet de nous. Ma mère et mon frère, nous croyant arrêtés, étaient repartis pour Nantes, aussitôt arrivés au château. Je consentis à prendre une heure de repos, le temps de sécher mes vêtements. M. de Kersabiec me reconduisit jusqu'à la croix, puis je continuai ma route à pied jusqu'à la maison.

Inutile de dire notre joie en nous retrouvant tous au complet. A huit heures j'étais au magasin, pour que personne ne pût se douter de mon expédition.

Peu de temps après, il fallut expédier à Machecoul une grande caisse de poudre. On avait cherché vainement une combinaison pour la faire sortir de Nantes, car la rigueur des postes placés aux issues de la ville rendait tout transport clandestin presque impossible. Mon bon ange vint encore une fois à mon aide. Je dis à Mlle de Kersabiec d'envoyer la fameuse caisse à l'hôtel de la Boule d'Or, où s'arrêtait la voiture de Machecoul, d'écrire dessus les mots *Fragile, Faïences*. Au moment du départ je me trouvai à la voiture.

Je retiens une place, je fais de grandes recommandations aux chargeurs, puis au conducteur, pour qu'on ne casse pas ma vaisselle. Le conducteur me dit : « Je vais la garder auprès de moi, sur la voiture ». Nous passons au poste de Pirmil : « Attention ! crie le conducteur aux gendarmes qui visitent les bagages, c'est de la vaisselle » ! Au moment où nous approchons de Port-Saint-Père, dont le poste a la réputation d'être féroce, un officier de la ligne monte sur l'impériale. Le conducteur lui dit : « Asseyez-vous sur cette caisse, vous y serez mieux que dans le fond ». L'officier s'y installe. Des gendarmes grimpent sur la voiture, mais ne dérangent pas l'officier qui fume sa pipe sur un volcan. Nous repartons, et, sans autres incidents, nous arrivons vers les six heures du soir au faubourg Sainte-Croix de Machecoul.

A l'entrée de ce faubourg, je me fis arrêter devant la porte de M. Leduc. Je réclamai ma caisse qu'on voulait amener jusqu'à l'hôtel. Mon bon ange avait voulu qu'on la plaçât auprès du conducteur; celui-ci, moyennant une pièce blanche, consentit à la décharger. Il le fit avec les plus grandes précautions, « pour ne pas casser la vaisselle ». Je désirais vivement repartir tout de suite, mais il n'y avait pas de voiture à cette heure-là. Je demandai si on pouvait me procurer un cheval. On m'amena une grande haridelle de meunier. Je n'étais jamais montée à cheval, la pensée de tranquilliser ma mère fit de moi une écuyère. On me donna un petit garçon pour ramener la bête; il monta en croupe derrière moi et nous partîmes. En pareil cas Dieu vous vient en aide : la nuit était profonde, il faisait très noir, et pourtant je n'avais aucune peur; je chantais à voix basse des chansons royalistes. Mais, dans l'obscurité, une route inconnue paraît bien longue! Près de Cauzan, le chemin était bordé de chaque côté par de grands bois. Il me semblait qu'il devait être minuit. J'entendis le bruit d'un cheval venant à ma rencontre. On ne voyait ni ciel ni terre. Je fus bien étonnée d'entendre soudain la voix de M. Larue, du poste de Port-Saint-Père. Il avait reconnu la mienne. « Comment, Mademoiselle Billou! Vous ici, à cette heure? me dit-il. Êtes-vous seule »? Je lui répondis que non, que je revenais de Machecoul, où j'étais allée pour affaires, que j'avais manqué le départ de la diligence, et que, pour ne pas inquiéter ma mère, j'avais pris un cheval. M. Larue me dit qu'il était seulement neuf heures. Et moi qui croyais minuit sonné! Je le remerciai et je repris ma course. A dix heures j'arrivais rue Bon-Secours. Je descendis à l'hôtel du Fer-à-cheval, je donnai à l'enfant de quoi payer sa dépense pour la nuit, et je filai avant qu'on eût ouvert la porte. Bientôt j'eus le plaisir de calmer les inquiétudes de ma mère.

Je crois que nous finîmes par être inaccessibles à la peur. Après ce voyage à Machecoul, deux fois je suis allée, la nuit, porter des ordres au château de Carheil; deux autres fois, toujours la nuit, mais cette fois à pied, je conduisis Robert à la Marionnière. Le matin, on me voyait vaquer paisiblement à nos affaires, comme si de rien n'était. Mes sœurs, plus jeunes que moi, étaient aussi hardies. Un jour, vers huit heures, nous entendîmes du tumulte dans la rue. Nous courûmes voir si quelqu'un des nôtres n'était pas tombé entre des mains ennemies. C'était, en réalité, le brave Yvon, concierge de l'hôtel de Goulaine, qui venait d'être surpris par la police cachant des munitions dans une charretée de fumier. « A l'eau! A l'eau! » criait la canaille révolutionnaire ameutée. Tout à coup ma sœur, âgée de treize ans, se faufile jusqu'au prisonnier, et, bravant la fureur de la multitude, elle fait à Yvon un rempart de son corps. Émus par tant de courage, les gendarmes écartent les assaillants. Ma sœur suit le prisonnier jusqu'à la rue Lafayette. Là elle entend dire qu'on va la mettre en prison avec celui qu'elle défend. Ces paroles ont sur elle un effet calmant, elle pense à l'inquiétude de notre mère, et elle s'éclipse prudemment. Elle nous retrouva mortellement inquiets à son sujet.

Du 24 mai au jour de la prise d'armes (1),

(1) 4 juin 1832.

ma mère cacha le maréchal de Bourmont et son fils Charles. Lorsque le premier nous quitta pour rejoindre Madame en Vendée, les précautions mêmes qu'on lui fit prendre pour sortir de la ville faillirent le perdre. Le choléra sévissait alors : on imagina de transformer M. de Bourmont en convalescent. On lui mit des lunettes noires, un bonnet bien enfoncé sur la tête; on l'enveloppa d'un gros manteau. Ainsi affublé, il descendit dans la rue donnant le bras à Mme de Royer, sa cousine. Mlle de Royer, depuis Mme de la Haye, devait marcher sur le trottoir opposé. Sans autres préambules, ces dames me dirent de prendre un oreiller et un manteau, et de les suivre. Je les arrêtai dans l'escalier, leur observant que, moi qui habitais le quartier, j'attirerais tout de suite l'attention avec mon singulier accoutrement. Elles voulaient me faire passer pour une femme de chambre, mais, si près de chez moi, ce n'était pas possible. Je leur demandai où elles allaient : une voiture, me répondit-on, les attendait sur le pont de la Poissonnerie. Il fut alors convenu que je précéderais la bande sans la perdre de vue, et qu'une fois hors de mon quartier seulement, je me tiendrais derrière elle. Croyant merveilleusement jouer son rôle de garde-malade, Mme de Royer marchait à petits pas. J'avais beau aller tout doucement, je gagnais toujours du terrain sur mes compagnons. Au bout de la rue Clavurerie, j'entrai dans une allée. Je les vis s'engager dans la rue Saint-Nicolas. Je les suivis de loin (j'avais dissimulé mon oreiller pour ne pas me faire remarquer). Ils prirent la place Royale, la rue de Gorges, le Port-au-Vin et le quai pour gagner le pont de la Poissonnerie. Il faisait très chaud, Mme de Royer avait ainsi un prétexte pour tenir une grande ombrelle ouverte devant la figure du maréchal. Enfin nous approchons du but. Je prends les devants, pour m'assurer de la présence de la voiture. Je vais jusqu'à la rue de Bon-Secours : point de voiture! Je reviens sur mes pas et je dis à la petite bande : suivez-moi! Je retourne sur le pont, j'entre chez le pharmacien Danet que je connaissais pour un bon royaliste. Je lui dis, voyant la boutique pleine de monde, que je le prie de vouloir bien permettre à mon maître, convalescent du choléra et encore très faible, d'entrer s'asseoir chez lui.

M. Danet m'avait reconnue, il comprit que je guidais un proscrit et il accéda tout de suite à ma demande. On fit passer *mon malade* dans l'arrière-boutique, pour le mettre à l'abri des courants d'air, prétendis-je, puis je courus chercher une voiture. Je n'en trouvai ni à la Bourse ni au quai d'Erdre; je finis pourtant par en rencontrer une. Lorsque mes compagnons y furent montés, je criai au cocher : « Au château de Bougon » ! afin de détourner les soupçons des mouchards qui fourmillaient en ville, car ce château appartenait à M. Robineau, que les hommes de Juillet avaient en haute estime. Dieu nous protégea une fois de plus; les délateurs ne remarquèrent pas nos manœuvres plus ou moins adroites, dont on ne pouvait guère espérer qu'ils seraient dupes.

Beaucoup de chefs royalistes étaient venus chez nous pendant le séjour du maréchal. Immédiatement après son départ, la police se mit à nous surveiller étroitement. Nous subîmes huit visites domiciliaires en deux mois. La plus pénible eut lieu le lendemain de l'évasion de M. Guibourg, la veille de l'Assomption (1). Mais revenons au moment où je quittai le maréchal se rendant auprès de Madame. Je ne parlerai pas ici des événements de la Vendée, ils appartiennent à l'histoire, mais je veux raconter

(1) M. Guibourg avait été arrêté, puis emprisonné au château. Il s'évada sous un habit de prêtre et se réfugia chez les demoiselles du Guiny. Il y fut pris ultérieurement, en même temps que Madame, Mlle de Kersabiec et M. de Mesnard, dans la fameuse cachette de la cheminée.

un fait dont les détails sont généralement peu connus.

On avait chargé le bonhomme Corgnet, sacristain de Montbert, de porter à Madame des provisions de bouche, des vêtements et une correspondance très importante. M. l'abbé Raguideau avait acheté les conserves chez M. Collin, rue du Moulin, et ma sœur Eulalie avait été chargée de porter les emplettes à Corgnet, à son auberge du bout de Pont-Rousseau. Les espions fourmillaient à Nantes, je l'ai dit tout à l'heure. On vit Eulalie descendre d'un fiacre, puis donner au bonhomme les conserves contenues dans des boîtes en fer-blanc qu'on prit pour des boîtes de poudre. Vite un des mouchards courut avertir le poste des Sorinières, donna le signalement du père Corgnet et recommanda de fouiller son chargement, où l'on trouverait de la poudre. En conséquence, Corgnet fut arrêté aux Sorinières et l'on visita les paniers placés sur son cheval. Les boîtes de conserves furent reconnues inoffensives, mais un costume d'amazone et des vêtements de femme éveillèrent les soupçons des gendarmes. On demanda au bonhomme qui lui avait confié lesdits effets, et quelles en étaient les destinataires : « Est-ce que je sais, moi ! fit-il. Ils m'ont apporté ça à mon auberge, ils m'ont dit que j'aurais dix francs pour ma commission, et voilà tout ». — « A qui dois-tu remettre ça »? — « Je n'en sais rien. Ils m'ont dit : Va sur la lande de Genêton, on sera là pour prendre les affaires, et on te paiera. V'là tout ce que je sais. Eh ben! oui, mais j'sais malade, mes bons messieurs, j'sais malade. Et là là! est-ce que je ne peux pas sortir dans un p'tit n'endroit » ? — « Va, mon bougre, va donc » ! dirent les soldats. Ils le conduisirent où il désirait et restèrent à la porte. Une fois entré, le bonhomme retire vivement tous les papiers cousus dans la doublure de son gilet en peau, les enfonce dans le trou *de toute la longueur de son bras*, qu'il essuie comme il peut, et sort, la conscience satisfaite.

On le ramena au corps de garde, répandant autour de lui une odeur qui n'avait rien d'agréable. « Mâtin! que tu sens mauvais! » lui dirent les gendarmes. — « Dame! répondit-il, fallait me laisser partir plus vite; j'en aurais pas mis à ma culotte ».

Enfin, le renfort qu'on était allé chercher à Nantes, pour accompagner le père Corgnet sur la lande de Genêton, fit son apparition. Sur cette lande on ne trouva personne : plus fin que ses adversaires, le bonhomme les avait conduits en un point diamétralement opposé à celui où il aurait dû rencontrer ses amis. Les gendarmes attendirent longtemps : « *Houpe* donc, animal » ! lui dirent-ils, perdant patience. Corgnet houpait (1) consciencieusement, mais nul être vivant ne répondait à son appel. — « Tu nous as trompés, vilain bougre ! Tu vois bien que personne ne vient » ! — « Eh ben ! c'est pas malin à voir. Y vous voient tout à l'entour de ma; si c'est des gens qu'ont peur de vous, croyez-vous qu'y vont se faire prendre » ?

Après une attente de plusieurs heures, les gendarmes comprirent enfin qu'ils étaient mystifiés. Ils revinrent à Nantes avec le sacristain; qui fut mené en prison et mis au secret. Grandes furent nos appréhensions lorsque nous le vîmes passer devant chez nous, conduit par les gendarmes ; nous ne savions pas qu'il avait sauvé la correspondance. M. Raguideau, qui avait acheté les conserves, et ma sœur, qui les avait portées à Corgnet, se tinrent cachés pendant quelques jours. Corgnet resta un mois en prison ; il fut relâché, faute de preuves contre lui.

La prise d'armes fut enfin décidée pour le

(1) Sorte de cri, sur une modulation étrange, que les gars bretons employaient pour s'appeler entre eux sur les landes ou dans les bois.

4 juin. Tous les jeunes gens qui devaient faire partie de la *Compagnie nantaise* (1) se rendirent au château de Rezé (2), le samedi et le dimanche. M. La Roche, leur commandant, les y attendait. Ma chère mère voulut faire ellemême le portemanteau de mon frère. Elle y mit seulement l'indispensable en vêtements, pour ne pas le rendre trop lourd, et plusieurs petits objets pouvant être très utiles, entre autres un couteau de vingt francs. Nous savions que ces messieurs devaient partir isolément de Rezé, dans l'après-midi du dimanche. Ma mère et moi nous allâmes passer une partie de cette après-midi sur la route, espérant apercevoir encore une fois mon frère, ne fût-ce que de loin. Nous n'eûmes pas cette consolation.

Une terrible angoisse nous étreignait le cœur, en voyant les préparatifs formidables dirigés par le gouvernement contre cette entreprise trop tardive, dans laquelle les nôtres n'avaient plus le bénéfice d'une surprise, puisque l'ennemi connaissait tous leurs plans (3). Bientôt

(1) La compagnie nantaise était un corps d'élite, recruté principalement dans les meilleures familles de la noblesse ou de la bourgeoisie de la ville.

(2) Propriété du comte de Monti.

(3) Nous avons parlé précédemment de la saisie de la Charlière.

nous parvint cette triste nouvelle : ils sont battus ! ils sont poursuivis ! Puis nous apprîmes l'horrible mort de M. Bascher (1), celle du comte d'Hanache, et de plusieurs autres amis. Et les êtres qui nous étaient chers, où se trouvaient-ils maintenant ? Comment le savoir ? Oh ! la cruelle, l'interminable semaine !

Cependant M. La Roche et M. Chevalier avaient pu arriver sains et saufs à Rezé. Le vendredi, nous reçûmes un billet ainsi conçu : « Envoyez une voiture au château de Rezé ». Nous avions un cocher sûr, il nous ramena M. La Roche le soir même, mais mon frère, qu'était-il devenu ? M. La Roche ne l'avait pas vu depuis le combat. Le brave garçon avait

(1) Arrêté après l'échauffourée de Maisdon, Charles Bascher, qu'on faisait marcher pieds nus et les mains liées derrière le dos, ne pouvait avancer qu'avec peine ; il pria qu'on ralentît un peu le pas. Pour toute réponse, un garde national lui envoya dans le dos un coup de poing qui le fit rouler dans un petit ravin bordant la route. On le fusilla, sous prétexte qu'il avait cherché à s'échapper en se jetant dans ledit ravin. S'apercevant qu'il respirait encore, les gardes nationaux et les grenadiers du 29e de ligne lui crevèrent les yeux à coups de baïonnette et lui tailladèrent le visage à coups de sabre, et, avec les crosses de leurs fusils, lui réduisirent la tête en bouillie, à tel point qu'un espion chargé de vérifier l'identité de la victime ne put la reconnaître. Le détachement était formé par la compagnie de garde nationale d'Aigrefeuilles (capitaine Roch), et par une section du 29e de ligne (sous-lieutenant Manoury de Croizilles).

suivi M. de Guillomont jusqu'à un château où on lui avait donné à manger. Ayant exagérément chargé sa carabine, le recul trop violent lui avait démis l'épaule au milieu de l'action. Comme il ne connaissait pas le pays, mourant de faim, il errait à l'aventure lorsque M. de Guillomont l'avait rencontré, mais le brave enfant avait dû faire encore cinq lieues à pied pour suivre le cheval de celui-ci, à qui je pardonne de n'avoir pas mis mon frère sur son cheval, car il avait déjà un autre blessé en croupe. On leur donna de la paille pour se coucher, dans un grenier, mais un instant après on vint les prévenir que la troupe approchait et qu'il fallait fuir au plus vite. On les fit descendre par une corde ; mon frère dut s'aider des deux mains pour s'y accrocher : cette douloureuse nécessité lui remit l'épaule en place. Abandonné de nouveau dans des parages inconnus, il marcha au hasard pendant toute une semaine. Comme il avait perdu son portemanteau, il fut obligé de donner tout ce qu'il avait sur lui pour se procurer de quoi vivre. Lorsque le hasard le fit arriver au bord du lac de Grandlieu, il ne possédait plus que son couteau, qu'il donna à un batelier pour le passer sur l'autre bord. Il n'osait rentrer à la maison, de peur de nous compromettre, et craignant que nous n'ayons été arrêtées nous-mêmes. Enfin il passa la Loire, et coucha dans une meule de foin, la nuit du vendredi au samedi. Il vint enfin nous retrouver, profitant d'une nuit obscure. Le pauvre garçon était méconnaissable, il avait les pieds en sang.

Peu à peu plusieurs survivants du Chêne rentrèrent à Nantes. A ceux qui étaient étrangers au pays on procura des moyens sûrs pour retourner chez eux. Plusieurs de ces messieurs s'en allèrent en Portugal. De ce nombre furent M. de Puyseux, M. du Chillou et le brave Ransay ; tous trois y trouvèrent la mort. M. La Roche était sur le point de partir, lui aussi, quand il fut arrêté dans sa cachette, à la Grillotière. Nous l'avions fait avertir la veille de l'évasion de M. Guibourg, lui recommandant de se tenir sur ses gardes, parce que nous devions nous attendre à une visite domiciliaire. Il ne se coucha qu'au jour ; toute la nuit il s'était promené en récitant son chapelet — il nous a raconté depuis qu'il en avait dit quatorze. Entre trois et quatre heures, il se jeta tout habillé sur son lit. A quatre heures il entendit ouvrir la porte qu'il n'avait même pas fermée à clef.

Il se lève et voit la maison entourée d'une compagnie d'infanterie, de gendarmes et d'agents de police : — « Votre nom »? lui demande le commissaire. M. La Roche le regarde avec son air militaire et lui répond qu'il n'a pas le droit de l'interroger. Le commissaire insiste ; M. La Roche maintient son refus. Le commissaire appelle alors les gendarmes et leur ordonne de mettre les menottes au prisonnier. — « Gendarmes, vous n'en avez pas le droit, et je vous le défends ! Je connais le service de la gendarmerie mieux que vous ». Les gendarmes reculent. Enfin un agent de police s'approche du commissaire et lui dit : « C'est M. La Roche » ! Le commissaire, triomphant, s'écrie : — « Je vous arrête au nom de la loi » ! — « Cela suffit », répond M. La Roche, et prenant la tête de la troupe, il se met en marche, avec autant d'assurance que si c'était lui qui la commandait.

A la prison, mêmes difficultés. On lui demanda son nom : « Quand on arrête quelqu'un dans sa maison, répondit-il seulement, on doit exhiber un mandat d'amener. Je ne vous reconnais pas le droit de m'interroger ». Pendant ce temps, on cernait notre maison de Nantes. Nous eûmes à subir la visite domiciliaire la plus minutieuse et la plus arbitraire. L'agent de police qui avait fait reconnaître M. La Roche nous apprit qu'il venait d'être arrêté à notre jardin, et qu'il était actuellement en prison. La visite dura de six heures du matin à onze heures. Irrités de ne rien trouver de suspect, les policiers saisirent un catéchisme et des livres d'heures. Je leur observai que ces livres n'avaient rien de compromettant. — « Non, répondit le commissaire, mais ce sera une preuve du fanatisme de votre mère ». — « Ces livres, répliquai-je, vous prouvent simplement qu'elle nous a appris à aimer Dieu et à suivre ses commandements ».

Mon frère, malade, était au lit. Les policiers se consultèrent entre eux : « Pourquoi ce gaillard-là n'aurait-il pas combattu au Chêne? Oh! oui, il y était sûrement ». — « Levez-vous, Monsieur, fit le commissaire, en guise de conclusion. Au nom de la loi, je vous arrête »! Ma mère ne broncha pas. Nous embrassâmes toutes mon frère, et nous lui dîmes : « Va, mon ami, va en prison pour Henri V; c'est pour toi un titre d'honneur ». Les commissaires (ils étaient deux), furieux contre nous, nous annoncèrent qu'ils allaient emmener notre mère, « coupable de notre fanatisme ». Mes deux jeunes sœurs et moi nous lui répondîmes : « Nous sommes aussi coupables que notre mère; vous n'avez rien à lui reprocher de plus qu'à nous ». Et, en effet, nous ne la quittâmes pas. Le commissaire central donna l'ordre d'aller chercher un omnibus pour nous conduire toutes en prison. Pendant qu'on exécutait cet ordre, nous fîmes chacune un petit paquet des objets qui nous étaient le plus indispensables, et nous étions prêtes à partir quand arriva la voiture. « Allons, en route! dit le commissaire; l'omnibus nous préservera des pierres qui seront certainement lancées sur cette famille rebelle ». Nous étions à ce moment sur le seuil de notre chambre. Je me retournai vers le grossier personnage : « Monsieur le commissaire, fis-je, c'est notre présence seule qui vous empêchera d'être lapidé. Sur le passage de ma mère, vous verrez couler des larmes, mais s'il y a des pierres lancées, elles seront à votre adresse ». Je dis ensuite aux domestiques que nous laissions à la maison : « Vous allez prier le contremaître de prévenir les ouvriers de la fabrique qu'ils devront tous se rendre demain chez M. le commissaire, pour lui demander de l'ouvrage et du pain. Que toutes les fileuses, dont le nombre est considérable, en fassent autant ».

En entendant ces paroles, le commissaire s'arrêta : — « Est-ce que vous avez réellement une fabrique qui emploie beaucoup d'ouvriers »?

demanda-t-il. — « Monsieur, vous en verrez plusieurs centaines à votre porte; j'espère que vous leur donnerez du pain ». — « Oh! dans ce cas, nous n'emmènerons que votre mère ». — « Pas du tout, Monsieur, vous n'avez pas plus le droit d'arrêter notre mère que de nous laisser ici sans elle ». — « J'en ai le droit, et vous resterez ». — « Je ne resterai pas ».

Mes sœurs en dirent autant.

— « Au surplus, repris-je, si vous nous barrez le passage, demain je conduirai moi-même tous nos ouvriers à votre porte ».

A cet instant, le lieutenant qui commandait le détachement d'infanterie cernant la maison dit aux deux commissaires : « En voilà assez, Messieurs! Depuis trop longtemps vous tourmentez une honnête famille. Vous n'avez rien trouvé de compromettant chez cette respectable dame : je réponds d'elle. Restez chez vous, Madame, je suis indigné de ce qui vient de se passer. Venez à deux heures chez le général Dermoncourt, je m'y trouverai et je ferai mon rapport ».

Les commissaires, décontenancés, voulurent alors s'emparer de mon frère. L'un d'eux prétendait le faire conduire à la prison par les agents de police, l'autre par les gendarmes.

L'officier intervint encore : « Ni les uns ni les autres, dit-il, c'est moi qui accompagnerai monsieur ». Les commissaires essayèrent de faire valoir leurs droits; il leur imposa silence, les priant d'être bien persuadés qu'il connaissait ses devoirs mieux qu'eux : d'ailleurs, il répondait du jeune homme (mon frère avait donné son nom), et la police n'avait plus qu'à se retirer; il allait lui-même renvoyer sa compagnie; dans quelques heures il sortirait avec M. Billoü, et il le conduirait à la prison, après avoir fait un tour en ville avec lui. S'adressant alors à ma mère : « Soyez sans inquiétude, Madame, dit le brave officier, je traiterai votre fils comme un ami ». Les choses se passèrent comme il l'avait promis.

A deux heures, le bon lieutenant retrouva ma mère chez le général Dermoncourt, auquel il fit son rapport. Dermoncourt rassura ma mère sur le sort de son fils, qui, affirmait-il, lui serait bientôt rendu. Effectivement, mon frère fut remis en liberté au bout de trois jours, mais ce cher enfant, qui avait été fier et joyeux de souffrir la prison pour Henri V et de partager la captivité de M. La Roche qu'il aimait beaucoup, se montra désolé d'en sortir. Tous les jours il allait rôder autour de la maison d'arrêt. Il avait trouvé moyen de s'entendre avec M. La

Roche, et, à certaines heures, le prisonnier se hissait jusqu'à une fenêtre grillée donnant sur la rue Lafayette. La vue de son ami faisait du bien à mon frère. Un jour le procureur Demangeat surprit leur échange de signes. Dès lors on empêcha toute communication des prisonniers avec l'extérieur. Ce fut un coup mortel pour le cœur ardent de mon frère; il ne rêvait plus que vengeance. Ma mère se vit obligée de le faire voyager pour le distraire. Au cours du voyage, il fut atteint d'une fièvre cérébrale, et il nous revint bien plus malade qu'en partant.

Au mois de janvier 1833, Mme la duchesse de Berry fit dire à ses partisans qu'il n'y avait plus rien à tenter, et qu'il fallait attendre l'instant marqué par la Providence. Cette nouvelle consterna mon frère. La première condamnation de M. La Roche en cour d'assises mit le comble à son chagrin. Le 22 février il fut pris d'un violent accès de fièvre. Je le trouvai couché dans un des magasins, sur de la laine en poil. Il ne voulait pas se mettre au lit. Il s'endormit la tête appuyée sur mes genoux, mais, mon Dieu! je voyais haleter sa poitrine, le feu de son front me brûlait. Pauvre enfant! Il était mortellement frappé. Je le décidai enfin à venir se coucher. Tandis que je l'aidais à se déshabiller, il me dit:

« Va me chercher mon confesseur ». — « Oh ! mon ami, lui répondis-je, tu me fais du chagrin de t'affecter comme cela. Tu n'es pas encore au lit, et tu veux te confesser » ! — « Va, reprit-il, va tout de suite ». Je me rendis à son désir. Dans la soirée, il perdait connaissance.

La fièvre et le délire surexcitaient cette âme si ardente. Dans son égarement, mon frère conservait toutes ses convictions. Il disait aux médecins : « Messieurs, je ne dois pas mourir ici, un soldat d'Henri V ne doit pas mourir dans son lit : guérissez-moi, c'est sur le champ de bataille que je dois mourir ». Il se croyait le général de Charette et il me disait : « Madame, si on me trouve chez vous, vous serez inquiétée ».

Ma pauvre mère faisait prier de tous côtés pour son unique et si bon fils. Il y avait auprès de lui trois médecins, qui se relevaient pour le garder jour et nuit. Un de ses frères d'armes, Antoine Ransay, vint nous prêter son secours. Enfin, le quatorzième jour de la maladie, mon frère reprit connaissance; il me reconnut. Mes yeux étaient baignés de larmes. Il s'en aperçut et me dit : « Ma sœur, tu pleures? Ne pleure pas. Je ne guérirai pas, ma mort n'est pas naturelle : c'est mon père qui m'appelle; il voit que je me perdrais, je suis trop faible de caractère, il m'appelle à lui. Oui, c'est mon père ». A ce que je répondis, il répliqua : « O ma sœur, laisse-moi mourir. Qu'est-ce que mourir à vingt ans, pour pouvoir aimer le Bon Dieu toute une éternité » !

Ma mère était au pied du lit. Mon frère ne l'avait pas vue, mais elle avait tout entendu. Elle me fit signe de la suivre dans la chambre voisine. Elle se mit à genoux devant la Sainte Vierge de mon père, me demanda de m'agenouiller auprès d'elle, et dit cette prière : « Sainte Vierge, ma bonne mère, je n'ai qu'un fils : je vous le donne. Vous voyez les dispositions où il est en ce moment; ma bonne mère, agissez comme il sera le mieux pour son salut, ne consultez pas mon cœur, mais l'intérêt de son âme ». Ce fut tout ce qu'elle put dire, et moi, dans un état que je ne saurais décrire, je l'embrassai en pleurant.

Je revins au lit de notre cher malade : Oh ! mon Dieu! tout le mieux avait disparu. La nuit fut un commencement d'agonie. Le matin, mon frère parut se ranimer. Vers dix heures, il commença un discours à ses soldats, d'une voix si ferme qu'on l'entendait à l'étage inférieur. Il croyait toujours être le général de Charette.

J'ai amèrement regretté que quelqu'un n'ait pas recueilli les admirables paroles qu'il prononçait. Il termina en criant : « Vive la France » ! Alors il sembla se recueillir, sa voix se couvrit peu à peu. Il récita le *Confitèor*, trois fois *Domine, non sum dignus, O sacrum convivium,* puis il s'éteignit comme une lampe ayant épuisé son huile. Ce fut le dernier jour du mois de février ; le 21 juillet, il aurait eu vingt ans.

Jusque-là ma mère avait supporté sans fléchir toutes les inquiétudes, toutes les angoisses des événements qui venaient de se passer; cette fois elle fut écrasée par la violence du choc. Sa seule consolation était de secourir les prisonniers royalistes. M. La Roche devait être transféré à Rennes, elle obtint de le voir avant son départ. Ah ! quelle entrevue déchirante ! Ma mère était si changée, si faible ! Elle appela M. La Roche son fils; il l'embrassa tendrement en l'appelant sa mère. Elle le regardait, et son silence lui disait : je n'ai plus de fils ! M. La Roche, navré de la perte de son jeune et si dévoué ami, semblait lui répondre par son regard : je connais mon devoir, je remplacerai celui que vous pleurez. Mais le coup qui l'avait frappée avait brisé le cœur de ma mère, son moral était profondément atteint. Le jugement de Rennes condamnant M. La Roche à la détention perpétuelle vint encore aggraver son état. Quand le renvoi du prisonnier devant la Cour d'assises du Loiret fut prononcé, elle ne pouvait plus quitter son lit. Dans l'état de surexcitation nerveuse où elle se trouvait, elle avait l'idée fixe de voir arriver Frédéric La Roche, pour pleurer avec lui, non pas le fils qu'elle venait de perdre, mais celui qui était mort vingt-quatre ans auparavant.

M. La Roche fut acquitté, le 29 juillet 1833. Depuis vingt-neuf jours, je ne m'étais pas couchée, et je n'avais jamais dormi une heure de suite. Le brave cœur de notre ami lui fit heureusement un devoir d'accourir tout de suite à Nantes. Ma mère dirigea sur lui un long regard, d'une expression indéfinissable, lui tendit les bras et fondit en larmes.

. . . .

La position devenait délicate pour M. La Roche et pour moi; de plus, lui, il devait penser à son avenir. Sans être guérie, ma mère se sentait un peu mieux. Il fut décidé que notre ami s'absenterait pendant quelque temps, qu'il irait dans sa famille et chercherait une position. M. La Roche nous fit promettre de le tenir au courant de la santé de la chère malade. Il partit, mais les forces morales de ma pauvre mère ne pouvaient supporter l'absence de celui qu'elle s'était habituée à regarder comme son fils. Elle retomba plus bas qu'elle n'avait jamais été.

L'abbé Raguideau était notre confesseur à tous; il avait été celui de mon frère. Il me conseilla de faire revenir M. La Roche, mais il me dit que je devais comprendre qu'il fallait régulariser notre situation vis-à-vis de celui-ci. Il le savait tout disposé à entrer dans notre famille, et moi, je ne pouvais mieux faire que de l'épouser.

Voilà comment je suis devenue Mme La Roche.

FIN

APPENDICES

ORDRES DE M. LA ROCHE, ENVOYÉ EN MISSION A PARIS POUR SAUVER LA VILLE DE BLOIS DE LA VENGEANCE DES ALLIÉS.

M. La Roche ira descendre de cheval hôtel des Bains, rue Saint-Joseph, quartier Montmartre; il demandera M. de Romand, payeur général; s'il est au logis, il lui remettra toutes les dépêches, et M. de Romand se chargera de tout. M. La Roche n'aura qu'à suivre ses instructions. Si M. de Romand était sorti et n'avait pas annoncé sa rentrée pour une ou deux heures après au plus tard, M. La Roche *reprendra son bidet*, laissera à l'hôtel la lettre pour M. de Romand, avec recommandation expresse, et se rendra, au ministère des Finances, rue des Petits-Champs, et exigera de remettre lui-même la dépêche au ministre. Il attendra que le ministre indique l'heure à laquelle il devra venir reprendre la réponse; il se rendra ensuite auprès de la Commission du Roi dont on lui donnera l'adresse au ministère des Finances, et il demandera également qu'on lui indique l'heure à laquelle il pourra revenir prendre la réponse, en engageant que ce ne soit pas plus tard que celle assignée par le ministre. De là il reviendra se reposer à l'hôtel Saint-Joseph. Il attendra tranquillement jusqu'au moment où on lui aura dit de venir reprendre les réponses, afin de s'y rendre lui-même si M. de Romand n'était pas rentré à l'hôtel; mais si M. de Romand rentrait dans cet intervalle, il se chargera d'aller reprendre les réponses et M. La Roche pourra suivre ses instructions en tous points.

M. La Roche repartirait avec ses réponses et sans attendre s'il n'avait pu rejoindre M. de Romand. Dans le cas contraire, il se conformera encore à ses instructions.

J'observe à M. La Roche qu'il doit s'arranger de manière à arriver à Blois avant neuf heures du soir ou après six heures du matin; il serait inutile qu'il se hâtât pour arriver dans cet intervalle.

M. La Roche s'informera des formalités à prendre pour son retour à l'égard de son passeport, afin de n'éprouver aucun retard.

Le préfet de Loir-et-Cher,
chevalier de la Légion d'honneur,

BOCOT.

Blois, 1er août 1815.

Si M. La Roche était par indisposition, soit dans l'aller, soit dans le retour, hors d'état de pouvoir faire la route, il s'adressera au maire de l'endroit pour avoir une personne de confiance susceptible de continuer la route et il lui remettrait la même instruction. Il en ferait autant à Paris pour le retour, ou pourrait demander au ministre, à cause de sa fatigue, un ordre pour faire partir une estafette *ad hoc*, mais il se chargerait de vérifier son départ.

MAISON MILITAIRE
DU ROI

—

GARDES DU CORPS DE MONSIEUR

Nous, François-Nicolas-René de Pérusse d'Escars (1), comte d'Escars, pair de France, lieutenant général des armées du Roi, gouverneur de la 4e division militaire, capitaine des gardes du corps de Monsieur, frère du Roi, commandeur de l'ordre militaire de Saint-Louis,

Consentons à ce que M. La Roche Jean-François-Frédéric, garde de notre compagnie, passe aux gardes du corps du Roi, compagnie de Noailles, et lui permettons de faire les démarches nécessaires pour son admission.

Paris, le 5 juillet 1817.

Le comte D'ESCARS.

BREVET DE GARDE DU CORPS

LOUIS, par la grâce de Dieu, ROI DE FRANCE ET DE NAVARRE,

Sur le compte qui nous a été rendu de la bonne conduite du sieur La Roche (Jean-François-Frédéric),

NOUS APPROUVONS qu'il soit admis comme *garde en pied* dans la compagnie de *notre cousin le duc de Mouchy*, qui le fera recevoir dans cet emploi.

(1) C'est bien ainsi que s'écrivait ce nom, dont on a, nous ne savons pourquoi, modifié l'orthographe.

Voulons qu'il jouisse des émoluments affectés audit emploi, et qu'il prenne rang dans nos armées parmi les *lieutenants*, à compter du *sept juillet mil huit cent dix-sept*, et ce conformément à notre ordonnance du vingt-cinq de septembre mil huit cent quinze.

Donné à *Paris*, le *sept juillet* mil huit cent dix-sept.

Par ordre du roi,
Le ministre de la Guerre,
Gouvion Saint-Cyr.

LETTRE D'UN GARDE DU CORPS RELATIVE A LA GUERRE D'ESPAGNE

Pau, ce 6 avril 1823.

Je n'ai point oublié, mon cher La Roche, que je vous ai promis de vous donner des nouvelles de mon voyage; l'amitié que vous m'avez toujours témoignée m'en ferait un devoir, si le plaisir que je trouve à causer avec vous ne m'y engageait naturellement. Je me figure, d'ailleurs, que bien souvent vous pensez à vos camarades errants, qu'en montant vos factions vous éprouvez le déplaisir de n'être pas avec eux, et que, par conséquent, quelques détails sur leur marche ne peuvent que vous intéresser.

Vous apprendrez donc avec plaisir, mon bon ami, que jamais corps militaire n'a voyagé avec plus d'ordre, plus de discipline et plus de zèle. Le zèle, sans doute, ne vous étonnera pas, mais le bon ordre et la discipline méritent des éloges particuliers, quand on réfléchit que notre corps voyage pour la première fois, qu'il est composé de jeunes gens habitués à toutes les commodités, et qu'il est commandé par des hommes qui n'ont pas tous les qualités qui forment le bon officier. Mais quoi qu'il en soit, nos chefs ont senti qu'une fois la campagne commencée ils auraient souvent besoin de nous, et alors, d'eux-mêmes et par un instinct qui, chez eux, tient la place de l'esprit, ils ont cessé ce régime de vexations inutiles, ils ne donnent plus de ces petits ordres ridicules qui avaient toujours pour causes la vanité du commandement et le désir de faire sentir le poids de leur autorité. C'est un grand changement, mon cher, et songez quel bonheur si cette campagne avait le double but de donner la paix à l'Espagne et le bon sens à nos officiers! Mais plaisanterie à part, nos officiers ne vont pas mal, et c'est beaucoup. Notre voyage a déjà été utile au corps en ce que ses ennemis mêmes ont été contraints de l'estimer. Il n'y a eu qu'un seul duel, et, dans cette circonstance, la fortune nous a encore bien servis, puisque l'adversaire du garde a payé de sa vie les propos insultants qu'il tenait contre toute l'armée. Sous tous les autres rapports, on ne peut que se féliciter de notre bon voyage. Nos chevaux ont bien supporté la route ; nous n'en avions peut-être pas un de blessé en arrivant à Châteauroux, mais depuis cette ville. nous avons traversé les montagnes du Limousin et quelques-uns ont eu des cors près du garrot, mais, au total, point de blessures graves. Nos palefreniers se conduisent parfaitement, en voici un exemple : l'un d'eux était tombé malade à Orléans, à peine guéri il prend une voiture à ses frais pour nous rejoindre. Ils ont beaucoup de fatigues à supporter, mais ils apportent beaucoup d'activité et de zèle. Vous voyez, mon cher La Roche, que j'entre dans des détails qui serviront à vous convaincre que rien n'embarrasse notre marche, et que, si l'occasion se présente, nous sommes en état de paraître avec distinction.

Si quelquefois vous avez pensé à nos jours de marche, vous aurez pu nous plaindre d'être obligés de voyager par le temps épouvantable qu'il a fait pendant quinze jours. Nous avons éprouvé une température détestable, froide, humide, souvent de la neige; nous arrivions mouillés et gelés dans de misérables cabanes, souvent sans lits; nous avons suivi la plus mauvaise route de France, et je vous assure que j'aurai de la peine à oublier la Sologne et le Limousin, tant nous avons eu à souffrir, et de la misère et de la saleté de leurs habitants. Depuis Périgueux tout a changé de face, et les mœurs des habitants et l'aspect du pays. Les environs de Bordeaux particulièrement et les bords de la Dordogne sont magnifiques, et pour en faire dignement l'éloge, il suffit de dire qu'ils rappellent les rives de la Loire. La ville est superbe, nous y avons été reçus à bras ouverts; la garde nationale est venue au-devant de nous à deux lieues de la ville, honneur qu'elle n'avait rendu à aucune autre troupe. Notre arrivée a donné au royalisme l'occasion de se développer, et vous sentez bien que les *Vive le roi!* des Bordelais ont attiré de bruyantes réponses. A Orléans, à Limoges, nous fûmes reçus avec cordialité, mais à Bordeaux avec enthousiasme.

Aujourd'hui, vous nous voyez dans la patrie du bon roi; tous les jours l'appel se fait dans une cour où il gambada bien souvent. Il n'y a pas une pierre qui ne fasse naître un souvenir. Son vieux château n'est pas habitable, mais cette vétusté nous montre toujours la demeure d'Henri IV; un arrangement moderne ferait tomber le charme. La ville est jolie et les environs fort pittoresques; en vous écrivant je vois de ma fenêtre toute la chaîne des Pyrénées. Les cimes sont couvertes de neiges éternelles; au lever du soleil c'est un spectacle ravissant.

Voici près de huit jours que nous sommes ici; je ne sais quand nous partirons, mais le moment n'en peut tarder. Un pont de bateaux est jeté sur la Bidassoa, et si le premier coup de canon n'est pas encore tiré, on peut dire que la mèche est allumée. Nous attendons aujourd'hui six cents prisonniers constitutionnels faits par l'armée de la Foi dans les environs de Pampelune, il y a peu de jours. Pour vous donner une idée de la facilité avec laquelle on pense que nous arriverons à Madrid, je vous dirai que les entrepreneurs de cette ville ont déjà passé des marchés pour la fourniture de nos troupes; une lettre directe de Madrid l'annonçait hier à un habitant de cette ville.

Il faut que je compte bien sur votre amitié, mon cher La Roche, pour vous entretenir si longuement de tout ce qui me touche, et réserver si peu de place pour m'occuper de vous. Soyez bien persuadé pourtant que vous avez une bonne part dans mes pensées, et que c'est avec le plus grand plaisir que je recevrai de vos nouvelles; si donc vous avez quelques instants à me consacrer, apprenez-moi comment va votre service, si vous êtes assez nombreux pour qu'il ne soit pas très pénible, et en même temps ce que fait la division de Versailles. Faites pour vous ce que j'ai fait pour moi, parlez beaucoup de ce qui vous touche, et votre lettre sera bien reçue.

Adieu, mon cher La Roche, recevez l'assurance de ma constante amitié.

Georges D'ISLE.

Mon frère, qui se porte aussi bien que moi, vous embrasse.

LETTRE DU DUC D'AVARAY

Avaray, le 29 mai 1823.

J'ai reçu, Monsieur, avec grand plaisir, votre lettre du 24 de ce mois. Madame d'Avaray a très bien soutenu son voyage, quoiqu'il ait été fait en douze heures; elle dort mieux et souffre moins qu'à Paris, mais elle n'a pas encore recouvré l'usage de ses jambes. Je désire, plus que je ne l'espère, que les chaleurs le lui rendent.

Je suis bien touché des malheurs que vous éprouvez dans votre famille.

J'ai trouvé mes travaux assez peu avancés, mais la nouvelle entrée est charmante. J'aurai incessamment quatre appartements de prêts ; j'ai bien du regret que vous ne puissiez pas venir en occuper un. Je ne désespère pas cependant que vous obteniez un congé de quinze jours l'automne prochain, et que vous ne les partagiez entre vos parents et nous. Ma femme et mes enfants sont bien sensibles à votre souvenir, et vous font mille compliments.

Ma petite-fille part après-demain pour Paris où elle trouvera son mari qui l'emmènera en Angleterre.

Je vous renouvelle, Monsieur, l'assurance de mon amitié.

Le duc D'AVARAY.

Pardonnez-moi si je ne vous réponds pas directement aujourd'hui; je le ferai plus tard. Les papiers que vous m'avez envoyés viennent d'être adressés, avec recommandation pressante, à M. le comte de Chabrol.

Je suis affligé de tous les malheurs qui vous arrivent ; j'y prends une part bien sensible.

LETTRE DU DUC DE MOUCHY AU DUC D'AVARAY

Paris, le 21 novembre 1823.

J'ai adressé, Monsieur le Duc, au duc Mathieu de Montmorency qui s'était réuni à votre intérêt en faveur de M. La Roche, l'autorisation nécessaire pour que celui-ci puisse solliciter la place de lieutenant de gendarmerie qu'il désire : je regrette cet excellent sujet, mais je désire son bien, et je me félicite en y concourant d'avoir une occasion de vous être agréable.

Agréez, je vous prie, l'assurance de toute ma considération et de mon attachement.

Duc de Mouchy.

LETTRE DU DUC MATHIEU DE MONTMORENCY

Dampierre, ce 23 novembre 1823.

J'aurais voulu, mon cher Monsieur, vous remettre ce matin, à l'excellente réunion, la pièce ci-jointe que le duc de Mouchy m'a fait parvenir à la campagne. Il me semble indispensable que vous y joigniez une demande, et que vous la fassiez appuyer par tous les moyens que vous pouvez avoir. Je vous offre d'y joindre ma recommandation, mais cela ne suffirait pas, parce que j'ai été dans le cas de faire d'autres demandes.

Croyez à mon sincère intérêt, fondé sur *de si bonnes raisons*.... (1).

(1) Deux lignes illisibles.

Je me recommande à vos souvenirs et à celui de vos excellents amis.

M. de M.

LETTRE DU COMTE ALEXIS DE NOAILLES

Paris, ce 11 décembre 1823.

Je me suis empressé, Monsieur, à présenter ma demande comme vous le désirez, mais que suis-je auprès des Villèle, des Montmorency, pour intercéder et élever la voix en votre faveur? J'ai apporté ma modeste offrande, j'ai supplié comme si ces grands personnages n'avaient pas ouvert la bouche en votre faveur.

Je m'estime heureux d'avoir trouvé une occasion de vous témoigner, Monsieur, toute l'affection et tous les sentiments que vous m'inspirez.

Le comte Alexis de Noailles.

LETTRE DU BARON DE CHARETTE

Ce 8 août 1829.

Je reçois à mon arrivée à Châlons, mon cher monsieur de la Roche, vos deux lettres, dont l'une est adressée à madame de Noailles : puisque vous me laissez libre d'en disposer, je ne l'enverrai pas à sa destination, quoique effectivement elle soit très convenable, mais il n'est pas d'usage de répondre à ces sortes de lettres, et Son Altesse Royale n'en sera pas moins convaincue de votre dévouement. Si j'eusse été à Paris ainsi que madame de Noailles, je lui aurais remis néanmoins votre lettre, mais je n'ai aucun moyen de la lui faire passer, et d'ailleurs, comme je vous l'ai dit, je la crois inutile.

Adieu, mon cher monsieur de la Roche, je suis bien aise que Madame vous ait donné la preuve qu'elle ne vous avait pas oublié, et à moi la nouvelle occasion de vous réitérer l'assurance de mes meilleurs sentiments.

Baron DE CHARETTE.

LETTRE DE MADAME LA DUCHESSE DE BERRY

Le 27 août 1834.

J'apprends avec plaisir que mon brave La Roche entre dans une famille qui m'a donné tant de preuves de dévouement. Je suis heureuse de pouvoir lui faire mon double compliment sur son acquittement et sur son mariage. Jamais union ne fut mieux assortie; mêmes cœurs, mêmes sentiments politiques. Que sa nouvelle famille ainsi que lui reçoivent les vœux bien sincères que je forme pour leur bonheur, et croient à toute mon estime et amitié.

MARIE-CAROLINE.

LETTRE DE MADAME LA DUCHESSE DE BERRY

MON CHER LA ROCHE,

J'écris à Mme la baronne de Charette pour la prier de s'entendre avec vous au sujet du secours à donner aux pauvres métayers dont je déplore vivement le malheur. Je n'ai pas oublié l'hospitalité qu'ils m'ont donnée dans le temps; rien de tout ce qui s'est fait de bien alors ne m'est sorti de la mémoire, et je voudrais que les faibles moyens dont je peux disposer fussent plus en rapport avec le cœur.

Je vois avec peine les rangs s'éclaircir de jour en jour, et je regrette sincèrement la mort de Mme la baronne du Camp. Ses deux frères ont été bien dévoués et bien fidèles. J'avais appris par les journaux la mort du pauvre Charles de Kersabiec.

Que Dieu continue à vous protéger en vous préservant de malheurs, avec votre femme et vos enfants, pour que vous continuiez à être l'exemple frappant que Dieu n'abandonne pas les bons.

Bien des choses à votre femme et enfants (*sic*); donnez-moi de leurs nouvelles et croyez bien à toute mon affection.

MARIE-CAROLINE.

Brunsée, 30 juin 1854.

LETTRE DE M. ÉDOUARD DE MONTI A M. LA ROCHE FILS

Mon cher ami (1),

Je reçois à l'instant une lettre bien précieuse pour vous et je m'empresse de vous la faire parvenir, avec mille amitiés pour vous et pour les vôtres.

Édouard.

Rezé, samedi à midi.

LETTRE AUTOGRAPHE DU COMTE DE CHAMBORD A M. LA ROCHE FILS

Froshdorf, le 6 juillet 1862.

Croyez, Monsieur, que j'ai ressenti profondément le coup si imprévu et si cruel qui vient de vous frapper. J'ai perdu moi-même dans celui que vous pleurez un de mes meilleurs amis, et la sainte cause du droit un de ses plus constants et de ses plus énergiques défenseurs. Que ne lui a-t-il pas été donné d'en voir le triomphe! Il est mort comme il a vécu, et je n'ai pu lire sans une vive émotion les touchants détails que vous m'avez transmis sur ses derniers moments. Il prie maintenant au Ciel pour la France et pour nous, et il revit ici-bas dans ses enfants, qui ont religieusement recueilli le noble héritage de son dévouement et de sa fidélité.

(1) Cette lettre est écrite à l'encre sympathique.

Soyez en cette triste circonstance, auprès de votre excellente mère et de toute votre famille, l'interprète de ma douloureuse sympathie, et recevez la nouvelle assurance de ma bien sincère affection.

HENRI.

A M. F. La Rochebillou.

TABLE DES MATIÈRES

AVANT-PROPOS..

I

Mon père est forcé d'accepter les fonctions de trésorier général, puis injustement destitué. — Dévouement de ma mère sous la Terreur. — Chute de l'Empire. — Marie-Louise à Blois. — Terrible épidémie. — La dame mystérieuse. — Mon père est assassiné. — Paroles étranges du maréchal Ney.. 1

II

Bataille de Waterloo. — Les Prussiens à Blois. — Ils veulent mettre la ville au pillage pour venger le meurtre d'un de leurs officiers. — Je suis envoyé à Paris implorer la clémence des souverains alliés. — Une course fantastique. — Je suis reçu par le baron Louis. — Je découvre l'identité de l'inconnue mystérieuse. — Blois est sauvé, grâce à la rapidité de ma course.................... 17

III

Reconnaissance du préfet. — On me propose la place de receveur général. — Remise du drapeau blanc au 10e d'infanterie. — Les Cent-Jours. — Hécatombes de fonctionnaires. — Mon dégoût pour la vie de bureau. — Je pars pour Paris.. 23

IV

Je suis admis aux gardes du corps de Monsieur. — Ma première garde. — Mme de Bermonville m'attache ma première épaulette. — Mésaventure du général Letourneur. — Sa minutie dans le service. — J'accompagne les princes à Fontainebleau. — Duels de gardes du corps. — Je demande à entrer dans les gardes du corps du roi.... 29

V

Fâcheux effet d'un voyage en coucou. — J'ai rapetissé d'un pouce! — Terrible moment d'émotion. — Je suis admis aux gardes du corps du roi. — Mon premier retour à Blois. — Le service aux gardes du corps. — Versailles. — Je fréquente la société anglaise. — Le manège du roi et MM. d'Abzac. — Politique de Louis XVIII. — Attaques de la Révolution contre la maison du roi. — Gouvion-Saint-Cyr cherche à supprimer les gardes du corps.. 41

VI

Effet de la nouvelle loi sur le recrutement des gardes du corps. — Plaisirs mondains. — Les musiciens de la chapelle du roi. — Corny et moi nous donnons un grand concert dans notre chambre. — Brillant succès. — Assassinat du duc de Berry. — Attentats contre Madame. — Troubles à Paris.................................. 51

VII

Comment les gardes du corps occupaient le temps de leur consigne. — Attentats contre le roi. — Aveuglement des honnêtes gens. — Naissance du duc de Bordeaux. — Froideur des officiers de la garnison de Blois. — Loyalisme du duc de Bellune. — Une grande fête à Mesnard. — Galas et réjouissances. — Je pars en congé chez mon ami de Corny.................................. 60

VIII

La famille de Corny. — Attaque nocturne simulée. — Je me montre plus grand dormeur que vigilant. — Nouvelle alerte. — Amour sans espoir. — Je pars le cœur brisé. — Les missionnaires et l'abbé Guyon à Versailles. — Ma conversion. — Cérémonie imposante 70

IX

La discorde chez les gardes. — Corny et moi nous nous séparons. — La charité à Paris. — Mathieu de Montmorency. — La *Petite Église*. — Je suis traité de *grand dindon*. — Bienveillance de la famille d'Avaray. — Guerre d'Espagne. — Mon escadron reste à Paris. — Nouvel accès de désespoir 81

X

Le duc d'Avaray me dissuade d'entrer dans un régiment colonial. — Je demande la gendarmerie royale. — Le favoritisme règne en maître dans les bureaux du ministère de la guerre. — Je suis nommé lieutenant de gendarmerie à Nantes 91

XI

J'arrive à Nantes. — Mes nouveaux chefs. — Bon accueil du préfet. — Je dissipe un rassemblement. — Commencement de mes tournées. — Couëtus et La Robrie. — Amabilité de la société nantaise. — Mort de Louis XVIII. — Politique égoïste de ce souverain. — Paroles prophétiques. — Mgr de Guérines me prend en amitié 98

XII

M. de Villeneuve-Bargemon est nommé préfet à Nantes. — M. et Mme de la Ferronnays. — Un amoureux oublieux mais fidèle. — Charmante hospitalité à Saint-Mars-la-Jaille. — La famille de Lauriston. — Le grand Blottereau. — Le personnel des ministères est resté révolutionnaire. — Tournées de recrutement et incidents comiques 109

XIII

Un colonel amoureux. — Hyménée! — La nouvelle préfète — Une fête royaliste à Legé. — Je commande les paysans.

à la revue. — La Bretaudière. — Mission religieuse à Nantes. — Incendie de la tannerie de Bourgneuf.... 118

XIV

Nouveau roman. — Désespoir. — Un directeur spirituel compatissant. — Voyage de la duchesse de Berry en Vendée. — Son amabilité pour moi. — Histoire du curé de Derval et du gendarme. — Madame à la Meilleraye. — Fête à la Dennerie.... 130

XV

Madame visite Clisson. — M. de Thouaré. — Expulsion des jésuites. — Progrès de l'esprit révolutionnaire. — Le ministère Polignac. — Maladie et mort de ma mère. — Inspection générale. — Le général Rafelix. — Je suis nommé dans la gendarmerie de Paris.... 142

XVI

Départ pour Paris. — Je fais la route à cheval. — Froid terrible. — Arrivée à Paris. — Le colonel de Foucauld. — L'accueil aimable que je trouve auprès de la famille royale excite la jalousie de mes camarades. — Affaire du bonnet de police. — Confusion des calomniateurs... 153

XVII

Ma liaison avec les Bourmont. — J'ai l'occasion d'aller en Afrique et je n'en profite pas. — Malversations au ministère de la guerre. — Chagrin du général Clouet. — Mme du Haussoire. — Charles X et la Chambre. — Arrivée du roi de Naples. — Un bal au Palais-Royal. — Émeute dans le jardin. — Je disperse brutalement les mutins. — Arrestation du journaliste Briffaut. — Lâcheté du tribunal.... 161

XVIII

Commencement des troubles. — J'occupe le poste de la place Vendôme. — Charges sur le boulevard. — Attaque de la barricade des Bains chinois. — Échauffourée de la

Madeleine. — Dernier dîner ministériel. — Étrange inconscience du gouvernement. — Symptômes de défection. — Pénibles pressentiments 173

XIX

Échec devant la barricade des Bains chinois. — Des Anglais distribuent de l'argent aux émeutiers pour les exciter à la rébellion. — Un scrupule m'empêche de tuer Casimir Périer. — Attaque de la barricade. — Le général Exelmans fait cesser le feu. — Les troupes lâchent pied. — Situation critique de mon peloton. — Honteuse conduite d'un officier. — Je suis sauvé par Casimir Périer. — Départ pour Saint-Cloud et Versailles. — Fuite du roi et de sa famille 185

XX

Arrivée à Trappes. — Attitude inquiétante du général Bordesoulle. — Excitations à la désertion. — Abdication du roi et du dauphin. — Arrivée à Rambouillet. — Une soupe de luxe. — L'aide de camp de Lafayette. — Panique de la famille royale et de la Cour. — Toujours la fuite. — Licenciement de la gendarmerie royale. — Retour à Paris. — On m'offre la lieutenance de Saint-Lô. — Perplexités 204

XXI

Départ pour Saint-Lô. — Je suis mis en demi-solde. — Je tombe malade à Rennes. — Entrevue avec M. Pozzo di Borgo. — La famille de M... — Sa satisfaction de me voir m'en aller. — Je trouve une situation à Paris. — Un vilain baron. — Sac de Saint-Germain-l'Auxerrois 221

XXII

Prêtres libéraux. — Charles de Kersabiec. — Ordres pour une prochaine prise d'armes. — Je suis dénoncé à la police par un domestique du baron. — Arrestation des gendarmes. — Un gentilhomme trop prudent. — Je me cache chez la famille Billou. — Un lâche 233

XXIII

Courage des demoiselles Billou. — On se débarrasse de Robert. — Les *pancaliers*. — Charette et La Robrie. — Les contre-ordres. — Dangereux commencement d'incendie.. 245

XXIV

Manœuvres des *pancaliers*. — MM. de Bonnechose et de Beauregard. — Préparatifs de guerre. — Départ de Louis de Bonnechose. — Tristes pressentiments.......... 251

EXTRAIT DES SOUVENIRS DE Mme LA ROCHE, NÉE BILLOU

Arrivée chez nous d'officiers royalistes. — Aventure de l'espingole. — Je transporte des armes. — Dangereuse situation. — Deux jeunes gens trop peu zélés. — Je fais sortir M. de Puyseux. — Terribles perplexités. — Aventure de Machecoul. — Chevauchée de nuit. — Je guide le maréchal de Bourmont déguisé en malade. — Un malin sacristain. — Arrestation du bonhomme Corgnet. — La prise d'armes. — Dangers que court mon frère. — Arrestation de M. La Roche. — Mort de mon frère. — Acquittement de M. La Roche. — Je deviens sa femme........... 257

APPENDICES

Ordres de M. La Roche, envoyé en mission à Paris pour sauver la ville de Blois de la vengeance des alliés... 293
Lettre d'un garde du corps relative à la guerre d'Espagne.. 296
Lettre du duc d'Avaray.............................. 300
Lettre du duc de Mouchy au duc d'Avaray........... 301
Lettre du duc Mathieu de Montmorency.............. 301
Lettre du comte Alexis de Noailles.................. 302
Lettre du baron de Charette......................... 302
Lettre de Mme la duchesse de Berry.................. 303
Lettre de Mme la duchesse de Berry.................. 304
Lettre de M. Édouard de Monti à M. La Roche fils.... 305
Lettre autographe du comte de Chambord à M. La Roche fils.. 305

PARIS. TYP. PLON-NOURRIT ET Cie, 8, RUE GARANCIÈRE. — 19518.

www.ingramcontent.com/pod-product-compliance
Ingram Content Group UK Ltd.
Pitfield, Milton Keynes, MK11 3LW, UK
UKHW020308230726
13925UKWH00001B/279

9 782013 438414